中国旅游统计年鉴
THE YEARBOOK OF CHINA TOURISM STATISTICS

2011

中华人民共和国国家旅游局
NATIONAL TOURISM ADMINISTRATION OF
THE PEOPLE'S REPUBLIC OF CHINA

1980~2010年入境旅游人数和国际旅游（外汇）收入
ANNUAL VISITOR ARRIVALS AND TOURISM RECEIPTS 1980–2010

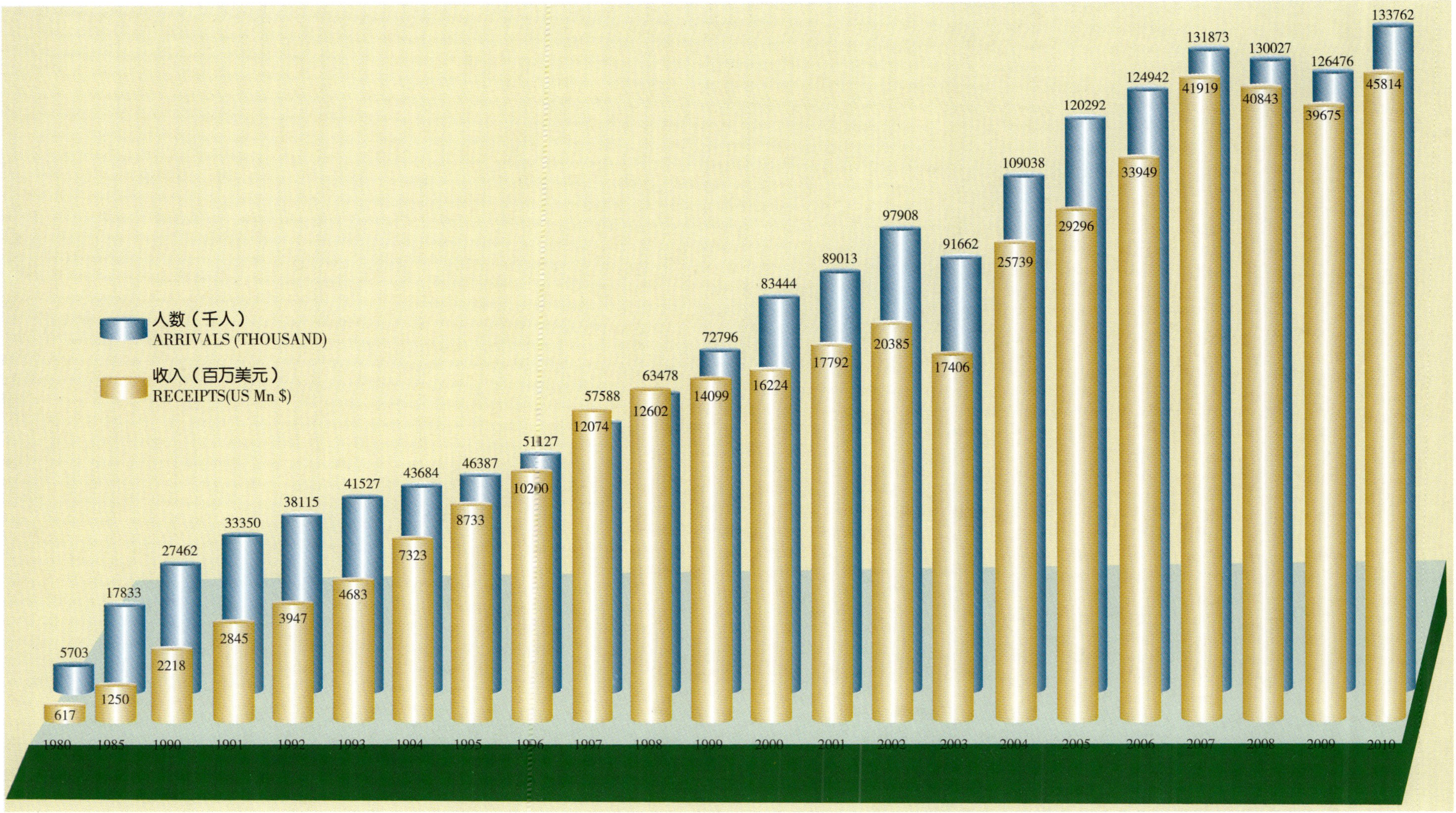

1980~2010 年入境旅游人数和国际旅游（外汇）收入增长速度
ANNUAL INCREASING RATES OF VISITOR ARRIVALS AND TOURISM RECEIPTS 1980–2010

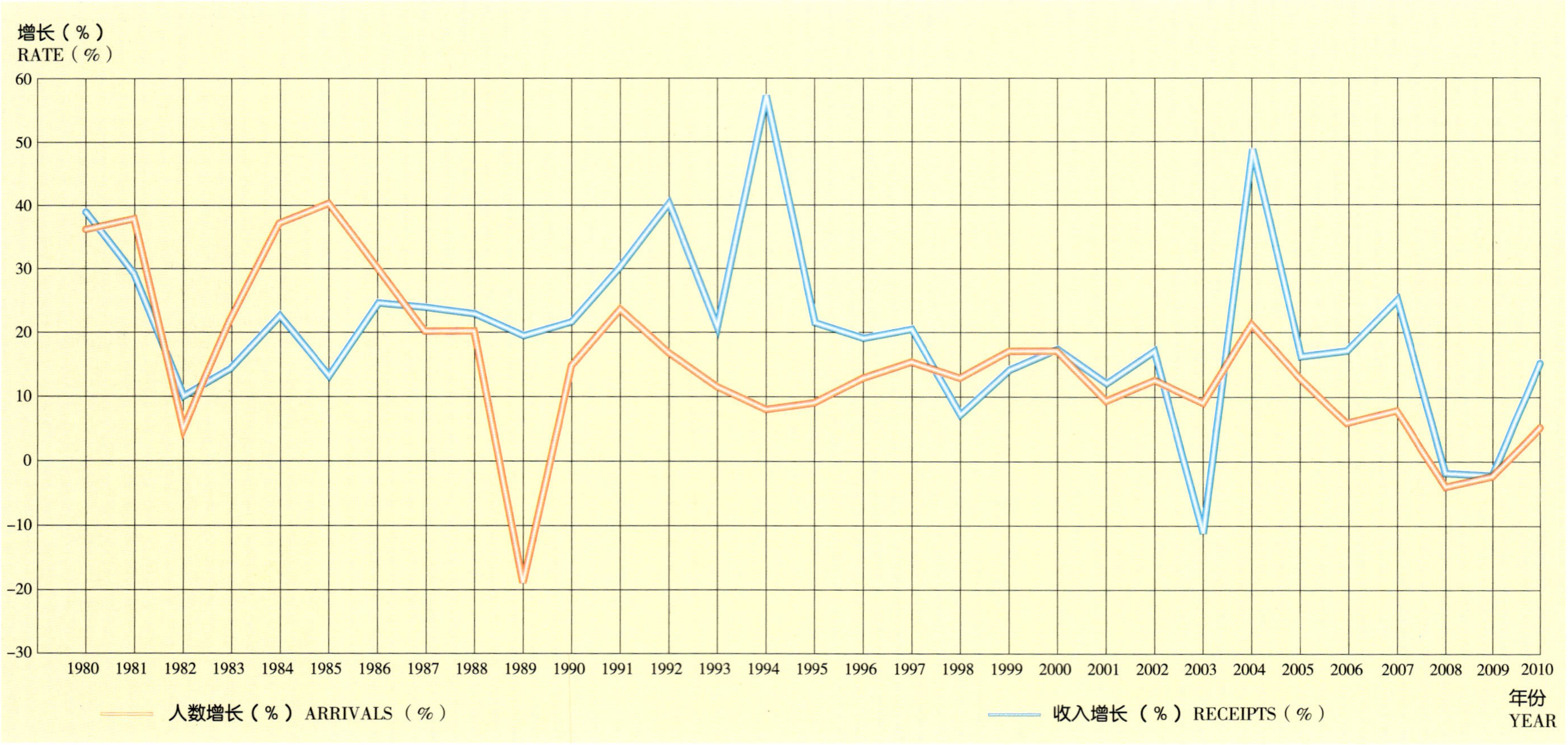

1995~2010 年旅游业总收入
TOTAL INCOME OF CHINA'S TOURISM INDUSTRY 1995–2010

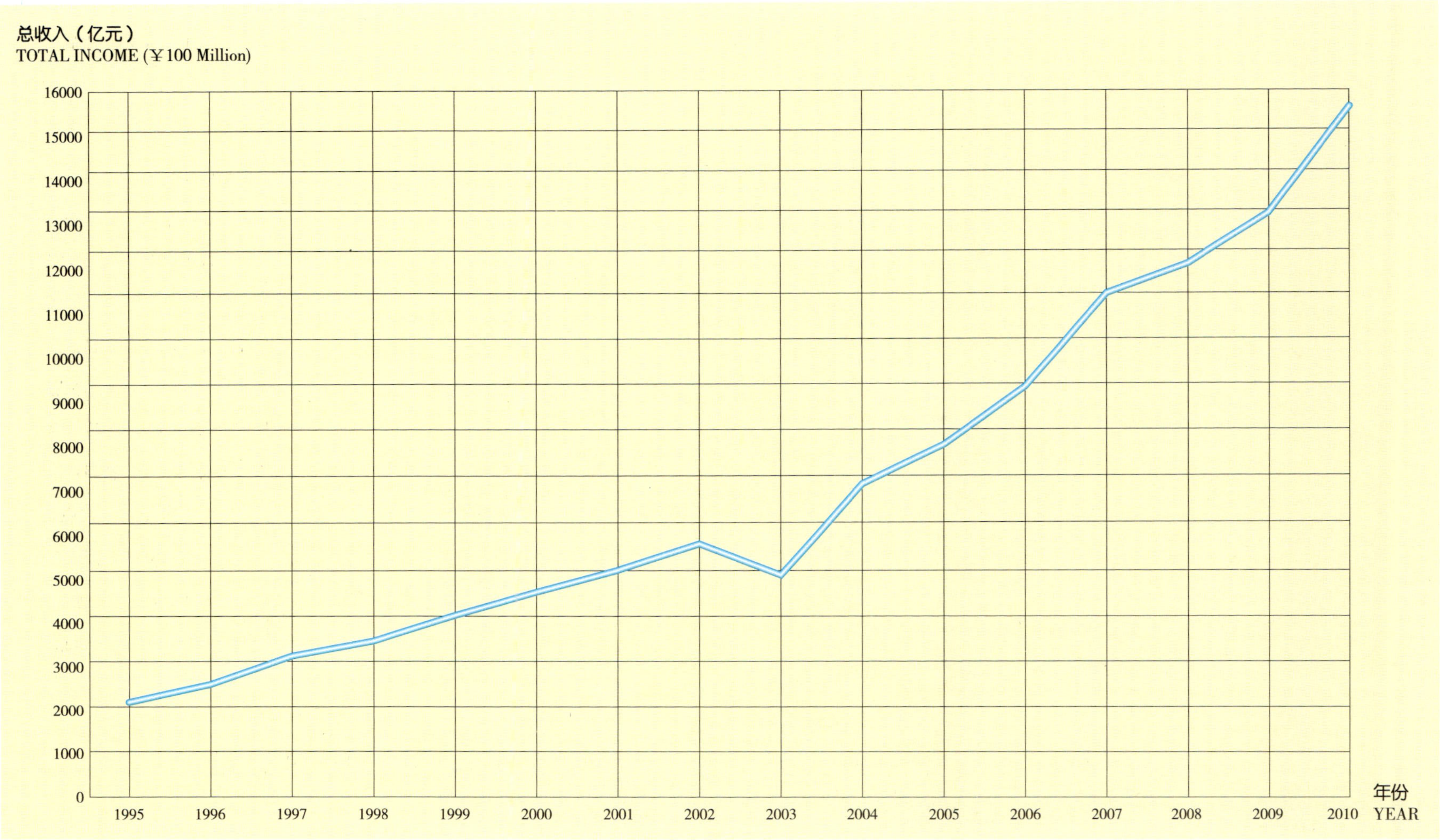

2009~2010 年主要国家入境旅游人数
FOREIGN VISITOR ARRIVALS FROM THE MAIN GENERATING COUNTRIES 2009–2010

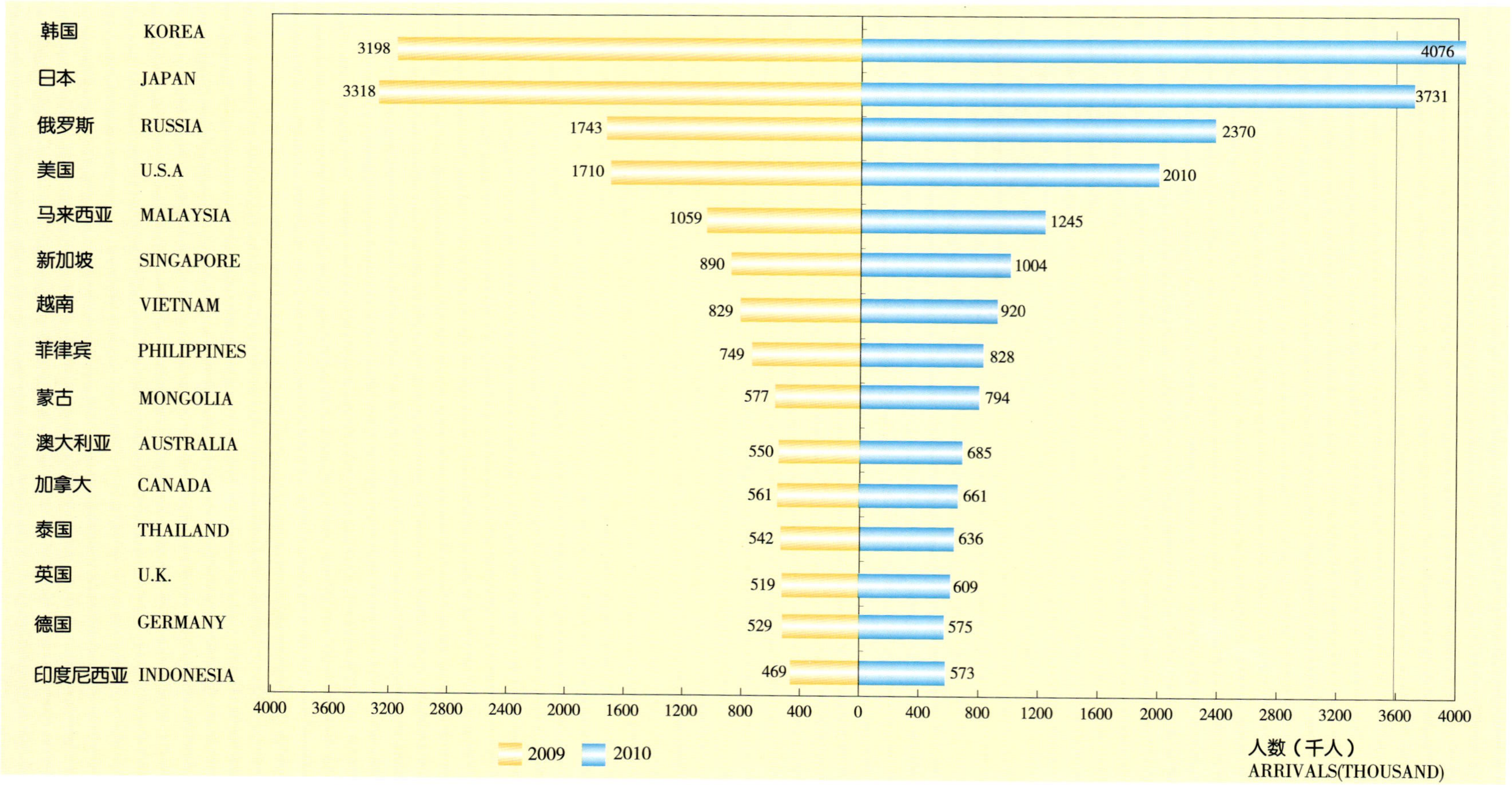

2008~2010 年各月入境外国游客人数
MONTHLY FOREIGN VISITOR ARRIVALS 2008–2010

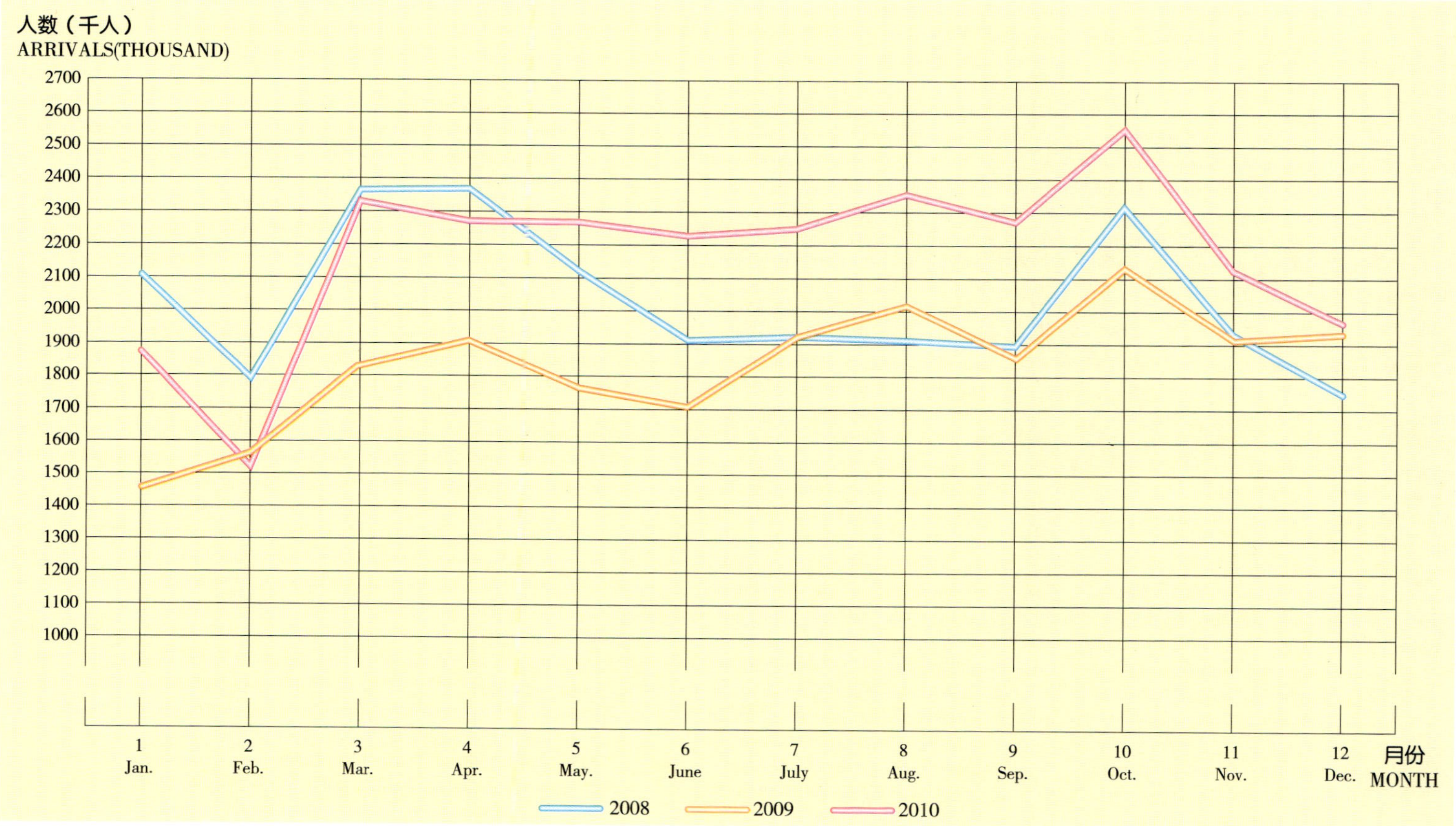

2010 年主要城市接待入境旅游者人数
ARRIVALS TO MAJOR CITIES 2010

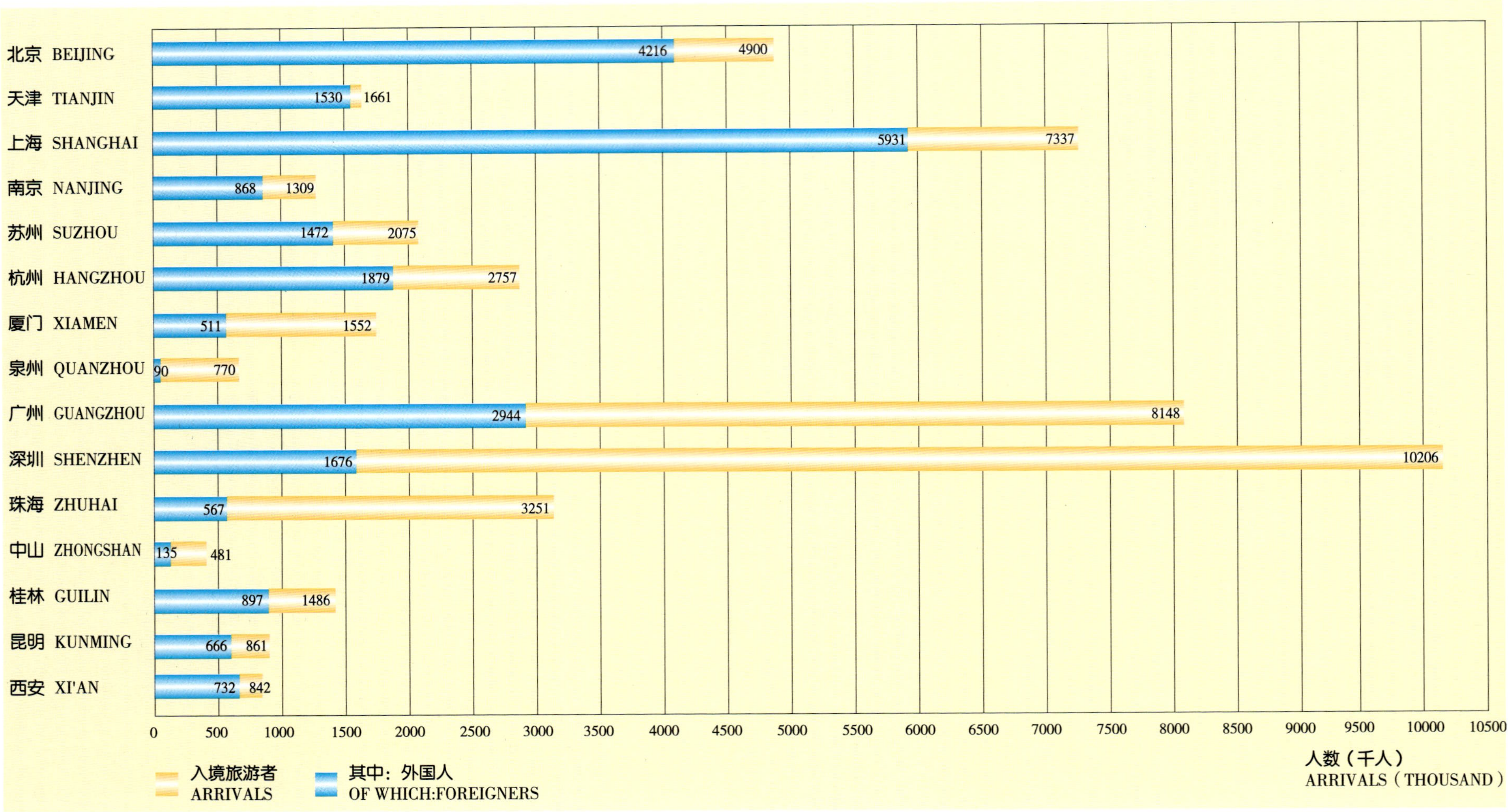

2010年入境外国游客人数构成（按地区分）
BREAKDOWN OF FOREIGN VISITOR ARRIVALS BY REGION 2010

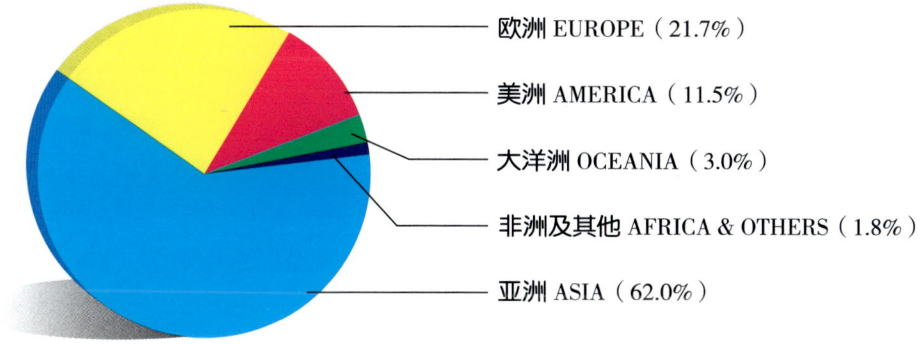

2010年入境外国游客人数构成（按入境方式分）
BREAKDOWN OF FOREIGN VISITOR ARRIVALS BY MODE OF TRANSPORT 2010

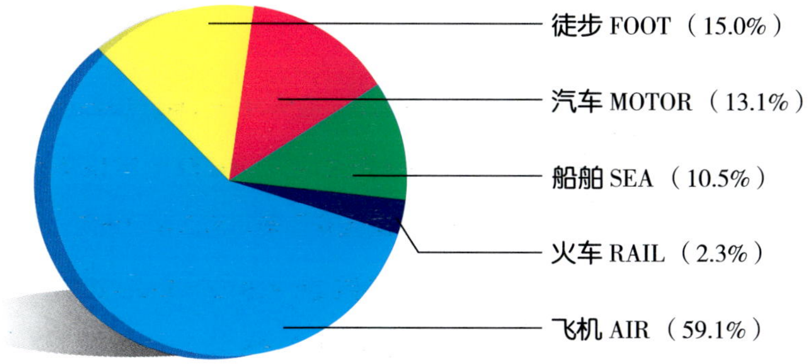

2010 年入境外国游客人数构成（按年龄分）
BREAKDOWN OF FOREIGN VISITOR ARRIVALS BY AGE 2010

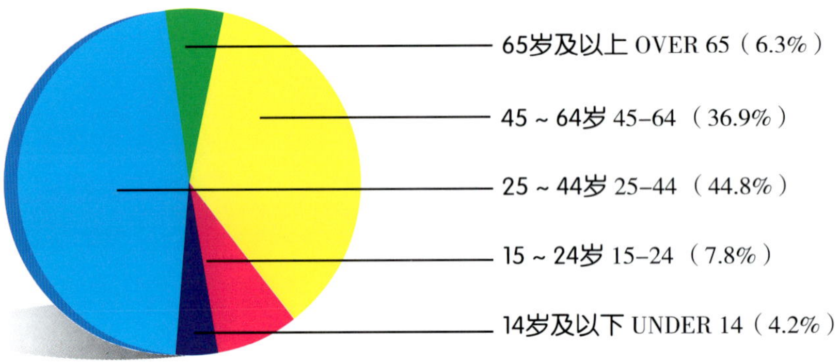

2010 年入境外国游客人数构成（按目的分）
BREAKDOWN OF FOREIGN VISITOR ARRIVALS BY PURPOSE 2010

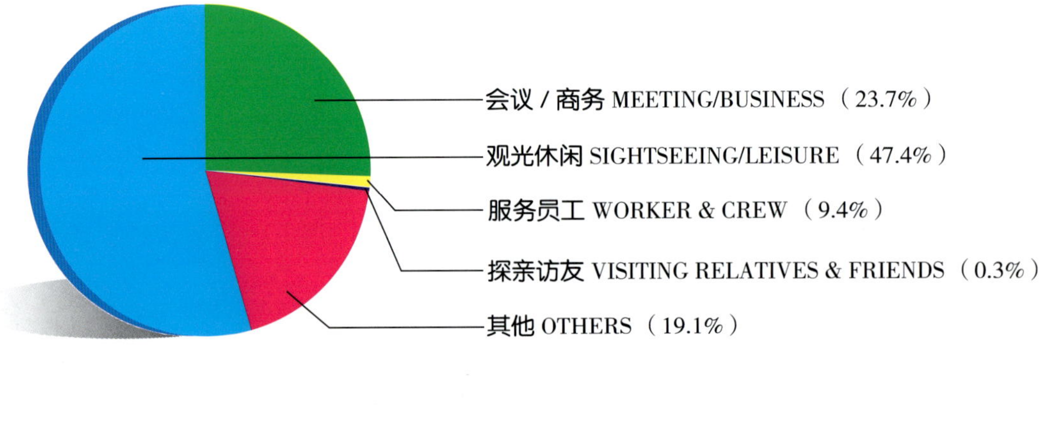

2010 年国际旅游（外汇）收入构成
BREAKDOWN OF INTERNATIONAL TOURISM RECEIPTS 2010

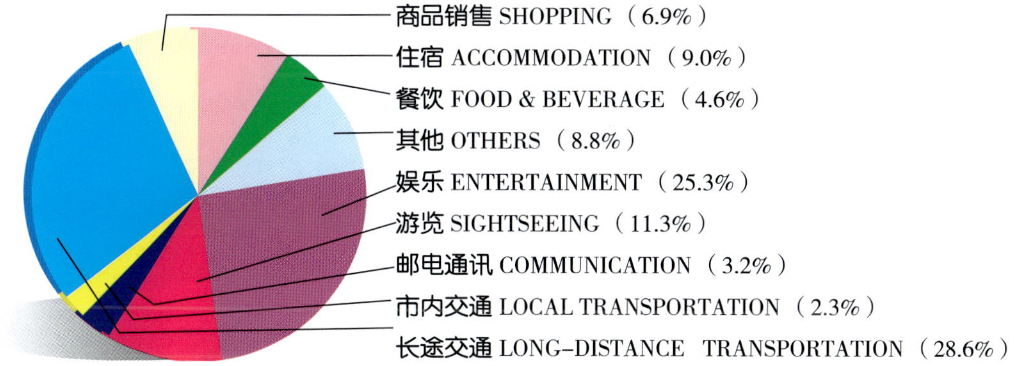

2010 年国际旅游（外汇）收入（按来源分）
INTERNATIONAL TOURISM RECEIPTS 2010

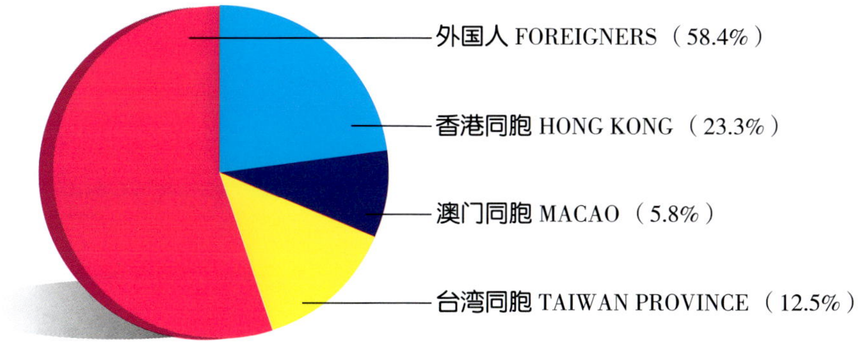

1992~2010 年星级饭店数及客房数
NUMBER OF STAR-RATED HOTELS & ROOMS 1992-2010

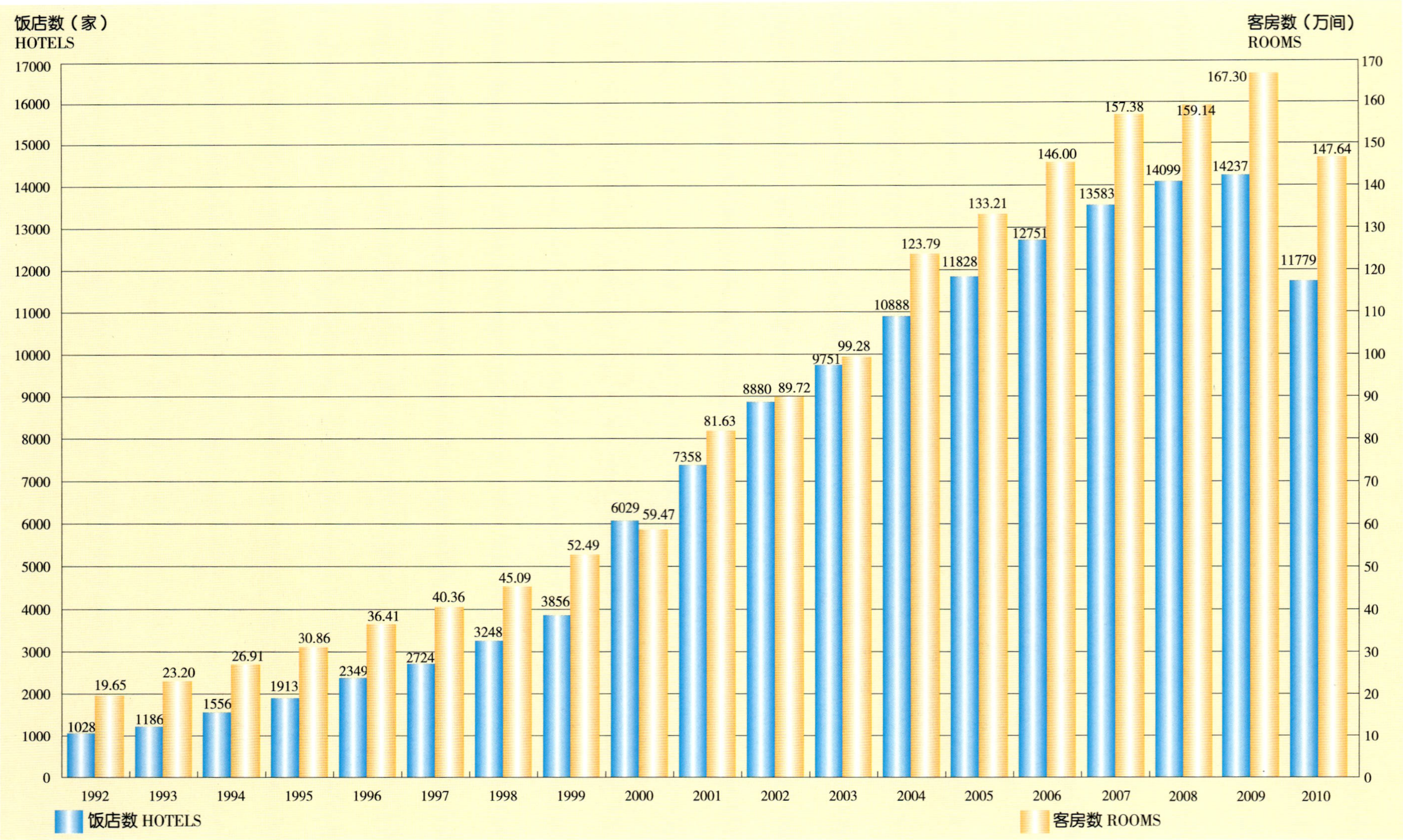

2010 年不同星级饭店的数量及客房数
NUMBER OF DIFFERENT STAR-RATED HOTELS & ROOMS 2010

中国旅游统计年鉴编辑委员会

LIST OF EDITORIAL BOARD OF THE YEARBOOK OF CHINA TOURISM STATISTICS

编 者 说 明

《中国旅游统计年鉴2011》是一本全面反映2010年中华人民共和国旅游业发展情况的资料性年刊。全书为中英文对照版本，内容分为：2010年中国旅游业统计公报和入境旅游人数、入境外国游客主要特征、国际旅游（外汇）收入、国内旅游基本情况、地方接待入境旅游者情况、星级饭店基本情况、旅行社基本情况、旅游企事业单位基本情况等共八个部分的统计资料。

本年鉴所附的《旅游统计基本概念和主要指标解释》，是对主要旅游统计指标的含义、统计范围和统计方法所作的简要说明。

本年鉴资料来源于全国各地旅游部门、统计部门和公安边检等部门。全国统计数据均未包括我国台湾省、香港特别行政区和澳门特别行政区的数字。本年鉴的统计数字按国家旅游局和国家统计局联合制定的《旅游统计调查制度》规定的口径进行统计和汇总，个别特殊的地方做了注释和说明。在编辑过程中，我们对2010年各月的数字进行了核实、调整，读者在使用时如发现已经公布的统计数字与本年鉴数字不符，则以本年鉴数字为准。

本年鉴是了解中国旅游业2010年发展情况的权威性资料，可供旅游部门、国民经济各有关部门、教学科研单位以及旅游经济的科研人员、大专院校师生使用。海外旅游业同行、有关行业内人士以及入境旅游的外国人、港澳台同胞亦可从中得到有关统计信息。本年鉴中凡带有续表的资料，如有注解均加在第一张表下面，请读者使用时注意。表中有“#”号者表示为该栏的主要项或其中项；有“*”号者表示本表下有注解；空格处表示该项数据不详或以前年份无该数据。统计表下注有资料来源单位，未注明的均为国家旅游局提供。

中国旅游统计年鉴编委会

二〇一一年十一月

INTRODUCTION

The Yearbook of China Tourism Statistics for 2011 is a yearly review with information on the overall development of the tourism industry in the People's Republic of China in 2010. Written in English and Chinese, the information in this Yearbook covers eight aspects: Statistics Report on China's Tourism Industry in 2010 and visitor arrivals to China, major profile of international visitors to China, international tourism receipts, domestic tourism, business of different regions, business of star-rated hotels, business of travel agencies, travel enterprises and non-business institutions.

A note to the Index of Major Statistic Terms is attached at the end of the Yearbook, which gives a brief explanation of the meaning of main tourism statistics, scope and method of data-collecting.

The data of the Yearbook come from the tourism departments, statistical departments, and ports of entry and exit of public security departments throughout the country. The statistics of Taiwan Province, Hong Kong Special Administrative Region and Macao Special Administrative Region are not included. All the data are processed and compiled in line with the requirements set forth in the tourism statistics reporting system jointly formulated by the National Tourism Administration and the State Statistics Bureau, and explanatory notes are provided in some special cases. Re-check and re-adjustments have been made to the figures of each month in 2010, and if some inconsistency is found between the published figures and the figures in this Yearbook, the latter should be taken as authentic.

This Yearbook provides authoritative data on the development of China's tourism industry in 2010, which is useful to tourism departments, relevant departments of the national economy, education and research institutes, and students and teachers. The overseas travel trade, relevant people of the industry and foreign visitors to China, compatriots from Hong Kong, Macao and Taiwan can also benefit from this Yearbook.

In the Yearbook, wherever a table is contiuned on the next page, footnotes are given on the first page. The mark "#" denotes headline entry, while the mark

" * " leads to footnotes. A blank cell means relevant data unclear or the relevant figure for previous years not available. Sources of the data are acknowledged beneath the table. All the unacknowledged data are provided by the National Tourism Administration.

Editing Committee of
the Yearbook of China Tourism Statistics
November, 2011

目　　录

CONTENTS

2010年中国旅游业统计公报

国　家　旅　游　局

（2011年10月）

2010年，我国旅游业明显复苏，全年保持较快增长。国内旅游市场平稳较快增长，入境旅游市场实现恢复增长，出境旅游市场继续加速增长。全年共接待入境游客1.34亿人次，实现国际旅游（外汇）收入458.14亿美元，分别比上年增长5.8%和15.5%；国内旅游人数21.03亿人次，收入12579.77亿元人民币，分别比上年增长10.6%和23.5%；中国公民出境人数达到5738.65万人次，比上年增长20.4%；旅游业总收入1.57万亿元人民币，比上年增长21.7%。

一、入境旅游业实绩

——入境旅游人数13376.22万人次，比上年增长5.8%。其中：外国人2612.69万人次，增长19.1%；香港同胞7932.19万人次，增长2.6%；澳门同胞2317.29万人次，增长2.0%；台湾同胞514.06万人次，增长14.6%。

——入境过夜旅游者人数5566.45万人次，比上年增长9.4%。其中：外国人2127.64万人次，增长20.2%；香港同胞2609.45万人次，增长2.3%；澳门同胞392.89万人次，增长2.1%；台湾同胞436.47万人次，增长13.9%。

——国际旅游（外汇）收入达458.14亿美元，比上年增长15.5%。

二、国内旅游业实绩

——全国国内旅游人数21.03亿人次，比上年增长10.6%。其中：城镇居民10.65亿人次，农村居民10.38亿人次。

——全国国内旅游收入12579.77亿元人民币，比上年增长23.5%。其中：城镇居民旅游消费9403.81亿元，农村居民旅游消费3175.96亿元。

——全国国内旅游出游人均花费598.2元，比上年增长11.7%。其中：城镇居民国内旅游出游人均花费883.0元，农村居民国内旅游出游人均花费306.0元。

——在春节、“十一”两个“黄金周”中，全国共接待国内游客3.79亿人次，实现旅游收入1812亿元。

三、入境旅游客源市场情况

1. 外国市场

2010年，我国入境外国客源市场快速增长，各大洲来华人数均保持两位数的增长。全年入境外国游客人数2612.69万人次，同比增长19.1%。

——亚洲市场依旧是主要客源市场，入境人数占入境外国人总数的62.0%，比上年增长17.5%。其中：韩国为第一大入境客源国。

——其他大洲的入境市场均保持了快速增长的势头，其中欧洲市场比上年增长23.9%，美洲市场增长20.2%，大洋洲市场增长17.4%，非洲市场增长15.6%。

——2010年，外国入境过夜旅游者在我国境内平均停留时间为7.4天，比上年减少0.2天，下降2.6%；人均天花费为197.93美元，比上年增加5美元，增长2.6%。

2010年主要客源国入境旅游人数和增长情况如下：

序号	国家	入境旅游人数（万人次）	与上年比较（%）
1	韩国	407.64	27.5
2	日本	373.12	12.5
3	俄罗斯	237.03	36.0
4	美国	200.96	17.5
5	马来西亚	124.52	17.6
6	新加坡	100.37	12.8
7	越南	92.00	11.0
8	菲律宾	82.83	10.6
9	蒙古	79.44	37.8
10	加拿大	68.53	24.5
11	澳大利亚	66.13	17.8
12	泰国	63.55	17.3
13	德国	60.86	17.4
14	英国	57.50	8.7
15	印度尼西亚	57.34	22.3
16	印度	54.93	22.4
17	法国	51.27	20.7

2. 港澳台地区市场

2010年，作为入境旅游市场的主体的港澳台市场中，台湾市场增幅最大，港澳市场稳步增长。

——2010年，香港市场入境人数7932.19万人次，比上年增长2.6%。其中：过夜旅游者2609.45万人次，增长2.3%，占32.9%；一日游人数5322.74万人次，增长2.7%，占67.1%。

——2010年，澳门市场入境人数2317.29万人次，比上年增长2.0%。其中：过夜旅游者392.89万人次，增长2.1%，占17.0%；一日游人数1924.40万人次，增长2.0%，占83.0%。

——2010年，台湾市场入境人数514.06万人次，比上年增长14.6%。其中：过夜旅游者436.47万人次，增长13.9%，占84.9%；一日游人数77.59万人次，增长19.1%，占15.1%。

四、各省、自治区、直辖市入境旅游接待与收入情况

——2010年，全国各省、自治区、直辖市接待的入境旅游者总计为9658.98万人次，比上年增长20.2%。接待量超过100万人次的有广东、上海、浙江、江苏、北京、福建、山东、辽宁、云南、广西、陕西、安徽、湖南、湖北、黑龙江、天津、河南、内蒙古、重庆、山西、江西和四川等22个省（区、市）。广东省接待入境旅游者3140.93万人次，继续居全国第一位。

——2010年，全国各省、自治区、直辖市接待的外国旅游者总计为5411.12万人次，比上年增长22.4%。接待量超过50万人次的有广东、上海、江苏、浙江、北京、辽宁、山东、云南、黑龙江、陕西、天津、广西、内蒙古、湖北、安徽、福建、重庆、湖南、河南、河北、山西、四川和吉林等23个省（区、市）。广东省接待外国旅游者733.28万人次，继续居全国第一位。

——2010年，国际旅游（外汇）收入超过1亿美元的有广东、上海、北京、江苏、浙江、福建、辽宁、山东、天津、云南、陕西、湖南、广西、黑龙江、湖北、安徽、重庆、内蒙古、河南、山西、四川、河北、江西、海南、吉林、新疆、贵州和西藏等28个省（区、市）。广东省的旅游（外汇）收入达123.83亿美元，继续居全国第一位。按国际旅游（外汇）收入排列，31个省、自治区、直辖市的具体情况是：

序号	地　区	国际旅游(外汇)收入（亿美元）	增长(%)	接待入境旅游人数（万人次）	增长(%)
1	广　东	123.83	23.5	3 140.93	14.3
2	上　海	63.41	33.7	733.72	37.6
3	北　京	50.45	15.8	490.07	18.8
4	江　苏	47.83	19.1	653.55	17.4
5	浙　江	39.30	21.9	684.71	20.0
6	福　建	29.78	14.6	368.14	18.0
7	辽　宁	22.59	21.7	361.80	23.4
8	山　东	21.52	22.1	366.79	18.3
9	天　津	14.20	20.0	166.07	17.8
10	云　南	13.24	12.9	329.15	15.7
11	陕　西	10.16	31.8	212.17	46.3
12	湖　南	9.06	34.7	189.87	45.1
13	广　西	8.06	25.3	250.24	19.2
14	黑龙江	7.63	19.4	172.42	21.0
15	湖　北	7.51	47.2	181.74	36.2
16	安　徽	7.09	25.3	198.42	27.1
17	重　庆	7.03	30.9	137.02	30.7
18	内蒙古	6.02	7.8	142.80	10.7
19	河　南	4.99	15.2	146.84	16.7
20	山　西	4.65	22.9	130.29	22.0
21	四　川	3.54	22.7	104.93	23.5
22	河　北	3.51	13.9	97.74	16.1
23	江　西	3.46	19.4	113.97	18.2
24	海　南	3.22	16.5	66.33	20.3
25	吉　林	3.05	25.5	82.01	20.5
26	新　疆	1.85	35.7	50.94	43.5
27	贵　州	1.30	17.3	50.01	25.2
28	西　藏	1.04	31.6	22.83	30.5
29	青　海	0.20	32.6	4.67	29.4
30	甘　肃	0.15	18.1	7.02	15.6
31	宁　夏	0.06	35.3	1.80	23.9

五、主要城市入境旅游接待与收入情况

——2010年，接待入境旅游者人数超过20万人次的城市有深圳、广州、上海、北京、珠海、杭州、苏州、天津、厦门、桂林、重庆、南京、大连、青岛、黄山、宁波、武汉、昆明、西安、无锡、泉州、成都、长沙、福州、沈阳、中山、烟台、洛阳、三亚、温州、延边、威海、南通、郑州、乌鲁木齐、太原、哈尔滨、承德、九江、长春、漳州、合肥、秦皇岛、济南和大同等45个，比上年增加3个。

——2010年，接待外国旅游者人数超过20万人次的城市有上海、北京、广州、杭州、深圳、天津、苏州、大连、重庆、桂林、南京、青岛、西安、武汉、昆明、黄山、珠海、无锡、成都、宁波、厦门、长沙、沈阳、烟台、福州、洛阳、延边、威海、三亚、南通、温州、乌鲁木齐、秦皇岛、承德、长春和哈尔滨等36个，比上年增加4个。

——2010年，国际旅游（外汇）收入超过1亿美元的城市有上海、北京、广州、深圳、杭州、天津、苏州、珠海、厦门、南京、福州、大连、重庆、泉州、青岛、宁波、西安、桂林、无锡、武汉、长沙、沈阳、烟台、南通、黄山、中山、成都、三亚、昆明、温州、威海、太原、漳州、哈尔滨、郑州、洛阳、长春、合肥、秦皇岛、延边、济南、乌鲁木齐和连云港等43个，比上年增加4个。上海市的国际旅游（外汇）收入达63.41亿美元，居全国城市第一位。

六、全国星级饭店的规模和经营情况

截至2010年底，全国纳入星级饭店统计管理系统的星级饭店共计13991家，其中有11779家完成了2010年财务状况表的填报，并通过省级旅游行政管理部门审核。根据11779家星级饭店填报的财务数据显示：

——到2010年末，全国11779家星级饭店，拥有客房147.64万间，床位256.64万张；拥有固定资产原值4546.77亿元；实现营业收入总额2122.66亿元；上缴营业税金111.36亿元；全年平均客房出租率为60.28%。

——在11779家星级饭店中：五星级饭店545家；四星级饭店2002家；三星级饭店5384家，二星级饭店3636家，一星级饭店212家。

——全国4179家国有星级饭店，2010年共实现营业收入760.15亿元，上缴营业税38.22亿元。

——全国外商和港澳台投资兴建的537家星级饭店，2010年共实现营业收入334.42亿元；上缴营业税16.91亿元。

——2010年全国星级饭店类型及其经营情况，具体如下：

	饭店数（家）	客房数（万间）	床位数（万张）	客房出租率（%）	营业收入（亿元）	营业税金（亿元）	固定资产（亿元）
一、饭店经济类型							
合　　计	11 779	147.64	256.64	60.28	2 122.66	111.36	4 546.77
内资企业							
国有企业	4 179	53.32	95.11	60.53	760.15	38.22	1 799.56
集体企业	494	5.08	9.26	58.79	61.64	3.32	134.93
股份合作企业	254	2.89	5.23	60.23	34.22	1.82	74.28
国有联营	11	0.14	0.25	55.03	1.47	0.08	4.18
集体联营	19	0.17	0.30	61.24	1.27	0.07	3.08
国有与集体联营	9	0.11	0.20	57.18	1.28	0.07	3.98
其他联营	5	0.03	0.06	61.23	0.45	0.02	0.28
国有独资公司	367	5.65	9.15	63.06	107.28	5.79	195.81
其他有限责任公司	1 246	17.82	30.53	59.98	251.97	13.89	505.56
股份有限公司	575	8.04	14.03	60.69	115.33	6.14	231.75
私营独资	1 492	12.04	21.48	59.16	113.27	6.38	210.53
私营合伙	383	3.61	6.01	60.74	42.84	2.41	58.18
私营有限责任公司	1 514	17.33	30.31	60.22	199.60	10.90	334.71
私营股份有限公司	172	2.34	4.14	56.81	21.55	1.19	45.97
其他	522	5.91	10.08	58.92	75.92	4.15	147.19
港澳台商投资							
与港澳台商合资经营	147	3.87	5.98	60.16	96.79	4.87	249.76
与港澳台商合作经营	34	0.92	1.39	62.03	26.66	1.26	39.93
港澳台商独资	74	1.60	2.60	61.82	40.58	2.06	103.14
港澳台商投资股份有限公司	24	0.50	0.83	55.10	11.97	0.61	26.14
外商投资							
中外合资经营	114	2.77	4.35	62.55	73.66	3.85	188.75
中外合作经营	47	1.29	1.96	59.08	33.29	1.67	58.23
外资企业	77	1.80	2.81	61.54	42.90	2.16	110.74
外商投资股份有限公司	20	0.38	0.59	63.69	8.58	0.43	20.07
二、饭店星级							
合　　计	11 779	147.64	256.64	60.28	2 122.66	111.36	4 546.77
五星级	545	20.01	30.28	60.40	627.12	33.22	1 503.48
四星级	2 002	40.50	67.74	61.79	726.35	37.32	1 535.97
三星级	5 384	61.39	110.34	60.16	611.14	32.57	1 198.75
二星级	3 636	24.73	46.37	58.35	154.36	8.05	300.58
一星级	212	1.00	1.91	50.06	3.68	0.20	7.98

七、旅行社的规模和经营情况

——到 2010 年末，全国纳入统计范围的旅行社共有 22784 家，比上年末增长 5.2%。

——到 2010 年末，全国旅行社资产总额 666.14 亿元，比上年增长 13.7%；各类旅行社共实现营业收入 2649.01 亿元，比上年增长 46.6%；营业税金及附加 12.77 亿元，比上年增长 0.6%。

——2010 年，全国旅行社共招徕入境游客 1352.04 万人次、4614.57 万人天，分别比上年增长 7.2% 和下降 17.8%；经旅行社接待的入境游客为 2408.06 万人次、5610.10 万人天，分别比上年增长 28.5% 和下降 11.0%。

——2010 年，全国旅行社共组织国内过夜游客 11953.31 万人次、32831.73 万人天，分别比上年增长 18.1% 和 9.4%；经旅行社接待的国内过夜游客为 14147.25 万人次、28833.21 万人天，分别比上年增长 3.3% 和 9.5%。

八、出境旅游情况

2010 年，我国公民出境旅游市场继续加速增长，旅游目的地不断增加。

——2010 年，我国公民出境人数达到 5738.65 万人次，比上年增长 20.4%。其中：因公出境人数 587.85 万人次，增长 7.9%；因私出境人数 5150.90 万人次，增长 22.0%。出境第一站按人数排序，列前十位的国家和地区依次是：中国香港、中国澳门、日本、韩国、台湾、越南、美国、马来西亚、泰国和新加坡。

——2010 年，经旅行社组织出境旅游的总人数为 1663.88 万人次，增长 34.8%，其中：组织出国游 876.1 万人次，增长 27.8%；组织港澳游 787.78 万人次，增长 51.6%。

——2010 年，我国公民出境旅游目的地新增的国家分别为：朝鲜、密克罗尼西亚、乌兹别克斯坦、黎巴嫩、加拿大、塞尔维亚共和国和伊朗伊斯兰共和国。

——2010 年，我国内地居民首站赴香港的旅游人数为 2309.90 万人次，增长 23.7%；赴澳门 1611.24 万人次，增长 6.5%；赴日本 196.89 万人次，增长 26.8%；赴韩国 196.86 万人次，增长 33.5%；赴台湾 166.19 万人次，增长 68.6%；赴越南 121.1 万人次，下降 9.9%；赴美国 107.76 万人次，增长 30.7%；赴马来西亚 103.37 万人次，增长 69.7%；赴泰国 101.46 万人次，增长 63.1%；赴新加坡 82.57 万人次，增长 23.6%；赴俄罗斯 71.09 万人次，增长 3.9%；赴澳大利亚 54.53 万人次，增长 20.6%；赴印度尼西亚 46.88 万人次，增长42.6%；赴柬埔寨36.72万人次，增长65.2%；赴英国31.23万人次，增长21.6%；赴加拿大30.6万人次，增长25%；赴德国28.69万人次，增长21.7%；赴法国27.33万人次，增长19.8%；赴意大利27.18万人次，增长23.5%；赴缅甸26.27万人次，下降24.2%；赴蒙古22.65万人次，增长52.3%；赴菲律宾21.52万人次，增长26.8%；赴老挝19.52万人次，增长2.9%；赴阿拉伯联合酋长国16.59万人次，增长28.8%；赴哈萨克斯坦13.53万人次，下降21.7%；赴朝鲜13.11万人次，增长36.4%；赴马尔代夫10.25万人次，增长128.0%。

九、旅游教育培训情况

——到2010年末，全国共有高等旅游院校及开设旅游系（专业）的普通高等院校967所，比上年末增加115所，在校生59.61万人，增加9.77万人；中等职业学校1001所，比上年末增加120所，在校学生49.03万人，增加3.62万人。两项合计，旅游院校总数1968所，在校学生为108.64万人。

——2010年，全行业在职人员培训总量达426.65万人次，比上年增加29.54万人次，增长7.4%。

Statistics Report on China's Tourism Industry in 2010

China National Tourism Administration

October, 2011

The year-round rapid development has substantially revived China's tourism industry in year 2010. During this year, we have witnessed a steady and rapid growth in domestic market, a recovery in inbound market, together with a persistent and accelerating improvement in outbound market. The total inbound visitor arrivals reached 134 million person-times, and the foreign exchange receipts generated from this inbound market registered US $45. 814 billion, increasing by 5. 8 percent and 15. 5 percent respectively against the previous year. China's domestic visitors numbered 2. 103 billion person-times, and the income generated from this sector totaled 1. 2580 trillion Chinese RMB yuan, increasing by 10. 6 percent and 23. 5 percent respectively. The outbound travel made by Chinese citizens reached 57. 3865 million person-times in 2010, witnessing an increase of 20. 4 percent. The total income of the industry amounted to 1. 57 trillion Chinese RMB yuan, increasing by 21. 7 percent over the year 2009.

1. Inbound Tourism

——The total number of inbound arrivals to China was 133. 76 million person-times, a 5. 8 percent increase against the previous year, in which 26. 1269 million person-times were made by foreigners, a 19. 1 percent increase against the previous year; 79. 3219 million by compatriots from Hong Kong SAR, a 2. 6 percent increase against the previous year; 23. 1729 million by compatriots from Macao SAR, a 2. 0 percent increase against the previous year; and 5. 1406 million by compatriots from Taiwan Province, a 14. 6 percent increase over the previous year.

——The total number of overnight visitors to China was 55. 6645 million, a 9. 4 percent increase against the previous year. Of the total overnight visitors 21. 2764 million were foreigners, a 20. 2 percent increase against the previous year; 26. 0945 million were compatriots from Hong Kong SAR, a 2. 3 percent increase against the previous year; 3.9289 million were compatriots from Macao SAR, a 2.1 percent increase against the previous year; and 4.3647 million were compatriots from Taiwan Province, a 13.9 percent increase over the previous year.

——The total of China's international tourism receipts amounted to US $45.814 billion, an increase of 15.5 percent against the previous year.

2. Domestic Tourism

——The number of domestic visitors totaled 2.103 billion, an increase of 10.6 percent over the previous year, in which 1.065 billion were urban residents and 1.038 billion were rural residents.

——The total income of domestic tourism amounted to 1.2580 trillion yuan, an increase of 23.5 percent over the previous year, in which 940.381 billion yuan were spent by urban residents and 317.596 billion yuan were spent by rural residents.

——The average domestic tourism expenditure per capita was 598.2 yuan, a 11.7 percent increase over the previous year, of which the average expenditure by urban residents was 883.0 yuan per person and the average spending by rural residents was 306.0 yuan.

——The domestic visitors totaled 379 million and the domestic income reached 181.2 billion yuan during two "Golden Weeks" of the Chinese Spring Festival and National Day.

3. Inbound Tourism Market

(1) Foreign Market

In 2010, the two-digit growth of visitor arrivals from every continent guaranteed a fairly fast growing in inbound market. The yearly visitor arrivals totaled 26.1269 million, an increase of 19.1 percent against the previous year.

——The Asian market kept its major status. The total visitor arrivals from Asian countries represented 62.0 percent of total inbound foreign arrivals to China, and increased by 17.5 percent against the previous year. Among all the countries, Republic of Korea was the largest generating country in terms of visitors.

——Other continents also enjoyed favorable growth. The growth rate of Europe, America, Oceania and Africa increased by 23.9 percent, 20.2 percent, 17.4 percent and 15.6 percent respectively.

—— In 2010, the foreign tourists had an average length of stay of 7.4 days, a decrease of 0.2 days, or slide 2.6 percent over the previous year. Daily expenditure per capita was US $197.93, US $5 or 2.6 percent higher than that of the previous year.

The arrivals breakdown of the top 17 visitor generating countries to China in 2010 was shown in the following table:

Rank	Country	Arrivals (thousand)	Change (%)
1	Korea	4 076.4	27.5
2	Japan	3 731.2	12.5
3	Russia	2 370.3	36.0
4	U. S. A.	2 009.6	17.5
5	Malaysia	1 245.2	17.6
6	Singapore	1 003.7	12.8
7	Vietnam	920.0	11.0
8	Philippines	828.3	10.6
9	Mongolia	794.4	37.8
10	Canada	685.3	24.5
11	Australia	661.3	17.8
12	Thailand	635.5	17.3
13	Germany	608.6	17.4
14	Britain	575.0	8.7
15	Indonesia	573.4	22.3
16	India	549.3	22.4
17	France	512.7	20.7

(2) Hong Kong, Macao and Taiwan Regional Market

In 2010, Hong Kong, Macao and Taiwan Regional Market are main parts of Mainland China's inbound tourism. The visitor arrivals from Taiwan Province increased mostly, and the visitor arrivals from Hong Kong SAR and Macao SAR were stable.

——In 2010, the arrivals from Hong Kong SAR reached 79.3219 million, increasing by 2.6 percent against the previous year. Among these arrivals, 26.0945 million were overnight visitors, an increase of 2.3 percent against the previous year, accounting for 32.9 percent of the total. 53.2274 million were same-day visitors, an increase of 2.7 percent, accounting for 67.1 percent of the total.

——In 2010, the visitor arrivals from Macao SAR was 23.1729 million, increasing by 2. 0 percent against the previous year, among which 3. 9289 million were overnight visitors, increasing by 2. 1 percent against the previous year, accounting for 17. 0 percent, and 19. 2440 million were same-day visitors, increasing by 2. 0 percent, accounting for 83. 0 percent of the total.

——In 2010, visitor arrivals from Taiwan Province were 5. 1406 million, increasing by 14. 6 percent over the previous year, among which 4. 3647 million were overnight visitors, increasing by 13. 9 percent over the previous year, accounting for 84. 9 percent, and 775. 9 thousand were same-day visitors, increasing by 19. 1 percent, accounting for 15. 1 percent of the total.

4. Inbound Tourist Arrivals and Receipts by Provinces, Autonomous Regions and Municipalities

——In 2010, inbound tourists received by all the provinces, autonomous regions and municipalities totaled 96. 5898 million, increasing by 20. 2 percent over the previous year. There were 22 provinces, autonomous regions and municipalities receiving more than 1 million visitors. They were Guangdong, Shanghai, Zhejiang, Jiangsu, Beijing, Fujian, Shandong, Liaoning, Yunnan, Guangxi, Shaanxi, Anhui, Hunan, Hubei, Heilongjiang, Tianjin, Henan, Inner Mongolia, Chongqing, Shanxi, Jiangxi and Sichuan. Guangdong still came first with receiving 31. 4093 million person-times of inbound visitors.

——In 2010, the number of foreign tourist arrivals was 54. 1112 million, with an increase of 22. 4 percent over the previous year. There were 23 provinces, autonomous regions and municipalities receiving more than 500 thousand foreign tourists. They were Guangdong, Shanghai, Jiangsu, Zhejiang, Beijing, Liaoning, Shandong, Yunnan, Heilongjiang, Shaanxi, Tianjin, Guangxi, Inner Mongolia, Hubei, Anhui, Fujian, Chongqing, Hunan, Henan, Hebei, Shanxi, Sichuan and Jilin. Guangdong still came first with receiving 7. 3328 million person-times foreign visitors.

——In 2010, there were 28 provinces, autonomous regions and municipalities, generating more than US $ 100 million receipts from international tourism. They were Guangdong, Shanghai, Beijing, Jiangsu, Zhejiang, Fujian, Liaoning, Shandong, Tianjin, Yunnan, Shaanxi, Hunan, Guangxi, Heilongjiang, Hubei, Anhui, Chongqing, Inner Mongolia, Henan, Shanxi, Sichuan, Hebei, Jiangxi, Hainan, Jilin, Xinjiang, Guizhou and Tibet. Guangdong was ranking first with US $ 12. 383 billion receipts generating from inbound tourism.

The international receipts and inbound arrivals of the 31 provinces, autonomous regions and municipalities are shown in the following table:

Rank	Region	International Receipts (US $ million)	Tourism Receipts Change (%)	Inbound Arrivals (million)	Tourists Change (%)
1	Guangdong	12 383	23. 5	31. 4093	14. 3
2	Shanghai	6 341	33. 7	7. 3372	37. 6
3	Beijing	5 045	15. 8	4. 9007	18. 8
4	Jiangsu	4 783	19. 1	6. 5355	17. 4
5	Zhejiang	3 930	21. 9	6. 8471	20. 0
6	Fujian	2 978	14. 6	3. 6814	18. 0
7	Liaoning	2 259	21. 7	3. 6180	23. 4
8	Shandong	2 152	22. 1	3. 6679	18. 3
9	Tianjin	1 420	20. 0	1. 6607	17. 8
10	Yunnan	1 324	12. 9	3. 2915	15. 7
11	Shaanxi	1 016	31. 8	2. 1217	46. 3
12	Hunan	906	34. 7	1. 8987	45. 1
13	Guangxi	806	25. 3	2. 5024	19. 2
14	Heilongjiang	763	19. 4	1. 7242	21. 0
15	Hubei	751	47. 2	1. 8174	36. 2
16	Anhui	709	25. 3	1. 9842	27. 1
17	Chongqing	703	30. 9	1. 3702	30. 7
18	Inner Mongolia	602	7. 8	1. 4280	10. 7
19	Henan	499	15. 2	1. 4684	16. 7
20	Shanxi	465	22. 9	1. 3029	22. 0
21	Sichuan	354	22. 7	1. 0493	23. 5
22	Hebei	351	13. 9	0. 9774	16. 1
23	Jiangxi	346	19. 4	1. 1397	18. 2
24	Hainan	322	16. 5	0. 6633	20. 3
25	Jilin	305	25. 5	0. 8201	20. 5
26	Xinjiang	185	35. 7	0. 5094	43. 5
27	Guizhou	130	17. 3	0. 5001	25. 2
28	Tibet	104	31. 6	0. 2283	30. 5
29	Qinghai	20	32. 6	0. 0467	29. 4
30	Gansu	15	18. 1	0. 0702	15. 6
31	Ningxia	6	35. 3	0. 018	23. 9

5. Inbound Tourists Arrivals and Receipts in Major Cities

——In 2010, there were 45 cities receiving more than 200 thousand inbound tourists. They were Shenzhen, Guangzhou, Shanghai, Beijing, Zhuhai, Hangzhou, Suzhou, Tianjin, Xiamen, Guilin, Chongqing, Nanjing, Dalian, Qingdao,

Huangshan, Ningbo, Wuhan, Kunming, Xi'an, Wuxi, Quanzhou, Chengdu, Changsha, Fuzhou, Shenyang, Zhongshan, Yantai, Luoyang, Sanya, Wenzhou, Yanbian, Weihai, Nantong, Zhengzhou, Urumqi, Taiyuan, Harbin, Chengde, Jiujiang, Changchun, Zhangzhou, Hefei, Qinhuangdao, Jinan and Datong, 3 cities more than that of the previous year.

——In 2010, there were 36 cities receiving more than 200 thousand foreign tourists,. They were Shanghai, Beijing, Guangzhou, Hangzhou, Shenzhen, Tianjin, Suzhou, Dalian, Chongqing, Guilin, Nanjing, Qingdao, Xi'an, Wuhan, Kunming, Huangshan, Zhuhai, Wuxi, Chengdu, Ningbo, Xiamen, Changsha, Shenyang, Yantai, Fuzhou, Luoyang, Yanbian, Weihai, Sanya, Nantong, Wenzhou, Urumqi, Qinhuangdao, Chengde, Changchun and Harbin. 4 cities more than that of the previous year.

——In 2010, there were 43 cities earning more than US $100 million from international tourism, with 4 cities more than the previous year. They were Shanghai, Beijing, Guangzhou, Shenzhen, Hangzhou, Tianjin, Suzhou, Zhuhai, Xiamen, Nanjing, Fuzhou, Dalian, Chongqing, Quanzhou, Qingdao, Ningbo, Xi'an, Guilin, Wuxi, Wuhan, Changsha, Shenyang, Yantai, Nantong, Huangshan, Zhongshan, Chengdu, Sanya, Kunming, Wenzhou, Weihai, Taiyuan, Zhangzhou, Harbin, Zhengzhou, Luoyang, Changchun, Hefei, Qinhuangdao, Yanbian, Jinan, Urumqi and Lianyungang. Shanghai came first with generating US $6.341 billion from international tourism.

6. Scale and Business of Star-rated Hotels in China

By the end of 2010, in China, there were a total of 13991 star-rated hotels which were brought into the star-rated hotel statistics management system, and 11779 of them had submitted their financial statement of year 2010, all of which were under the assessment of relevant province-level tourism administrations. According to the financial statements of those 11779 star-rated hotels:

——The total number of rooms owned by those 11779 star-rated hotels was 1.4764 million, The total number of beds reached 2.5664 million, the original value of fixed assets amounted to 454.677 billion yuan, the total business income amounted to 212.266 billion yuan, the business tax was 11.136 billion yuan, the average occupancy rate was 60.28 percent.

——Among those 11779 star-rated hotels, there were 545 five-star hotels, 2002 four-star hotels, 5384 three-star hotels, 3636 two-star hotels, and 212 one-star hotels.

——The total business income of 4179 state-owned star rated hotels amounted to

76. 015 billion yuan and the paid business tax reached 3. 822 billion yuan.

——The total business income of 537 star-rated hotels built by investment from foreign countries and Hong Kong, Macao and Taiwan regions reached 33. 442 billion yuan and paid business tax amounted to 1. 691 billion yuan.

——The business of all the star-rated hotels nationwide in 2010 were listed as follows:

OWNERSHIP& STAR-RATED	Hotels (number)	Rooms (1000)	Beds (1000)	Occupancy (%)	Revenue (billion)	Tax (billion)	Fixed Assets (billion)
by ownership status							
Total	11 779	1 476. 4	2 566. 4	60. 28	212. 266	11. 136	454. 677
Domestic Funded							
State-owned Enterprises	4 179	533. 2	951. 1	60. 53	76. 015	3. 822	179. 956
Collective-owned Enterprises	494	50. 8	92. 6	58. 79	6. 164	0. 332	13. 493
Cooperative Enterprises	254	28. 9	52. 3	60. 23	3. 422	0. 182	7. 428
State Joint Ownership Enterprises	11	1. 4	2. 5	55. 03	0. 147	0. 008	0. 418
Collective Joint Ownership Enterprises	19	1. 7	3. 0	61. 24	0. 127	0. 007	0. 308
Joint State-collective Enterprises	9	1. 1	2. 0	57. 18	0. 128	0. 007	0. 398
Other Joint Ownership Enterprises	5	0. 3	0. 6	61. 23	0. 045	0. 002	0. 028
State Sole Funded Corporations	367	56. 5	91. 5	63. 06	10. 728	0. 579	19. 581
Other Limited Liability Corporations	1 246	178. 2	305. 3	59. 98	25. 197	1. 389	50. 556
Share-holding Corporations Limited	575	80. 4	140. 3	60. 69	11. 533	0. 614	23. 175
Private Enterprises	1 492	120. 4	214. 8	59. 16	11. 327	0. 638	21. 053
Private-funded Enterprises	383	36. 1	60. 1	60. 74	4. 284	0. 241	5. 818
Private Partnership Enterprises	1 514	173. 3	303. 1	60. 22	19. 960	1. 090	33. 471
Private Share-holding Corporations Ltd.	172	23. 4	41. 4	56. 81	2. 155	0. 119	4. 597
Other Enterprises	522	59. 1	100. 8	58. 92	7. 592	0. 415	14. 719
Enterprises with Funds from Hong Kong, Macao and Taiwan							
Joint-ventures Enterprises	147	38. 7	59. 8	60. 16	9. 679	0. 487	24. 976
Cooperative Enterprises	34	9. 2	13. 9	62. 03	2. 666	0. 126	3. 993
Enterprise with Sole Investment	74	16. 0	26. 0	61. 82	4. 058	0. 206	10. 314
Share-holding Corporations Ltd.	24	5. 0	8. 3	55. 10	1. 197	0. 061	2. 614
Foreign Funded Enterprises							
Joint-venture Enterprises	114	27. 7	43. 5	62. 55	7. 366	0. 385	18. 875
Cooperation Enterprises	47	12. 9	19. 6	59. 08	3. 329	0. 167	5. 823

Enterprise with Sole Funds	77	18.0	28.1	61.54	4.290	0.216	11.074
Share-holding Corporations Ltd.	20	3.8	5.9	63.69	0.858	0.043	2.007
by star-rating							
Total	11 779	1 476.4	2 566.4	60.28	212.266	11.136	454.677
5-STAR	545	200.1	302.8	60.40	62.712	3.322	150.348
4-STAR	2 002	405.0	677.4	61.79	72.635	3.732	153.597
3-STAR	5 384	613.9	1 103.4	60.16	61.114	3.257	119.875
2-STAR	3 636	247.3	463.7	58.35	15.436	0.805	30.058
1-STAR	212	10.0	19.1	50.06	0.368	0.020	0.798

7. Scale and Business of Travel Agencies

——By the end of 2010, there were 22784 travel agencies in China, increasing by 5.2 percent over the previous year.

——By the end of 2010, the total assets owned by travel agencies nationwide amounted to 66.614 billion yuan, increasing by 13.7 percent over the previous year. The business income was 264.901 billion yuan, 46.6 percent more than that of the previous year, and the business tax was 1.277 billion yuan, 0.6 percent more than that of the previous year.

——In 2010, the total arrivals of inbound tourists organized by all the travel agencies were 13.5204 million, increasing by 7.2 percent against the previous year. The total number of person/nights was 46.1457 million, decreasing by 17.8 against the previous year. The total number of inbound tourists received by travel agencies was 24.0806 million, increasing 28.5 percent against the previous year. The total number of person/nights was 56.1010 million, decreasing by 11.0 percent against the previous year.

——In 2010, the total number of overnight domestic tourists organized by travel agencies was 119.5331 million with an increase of 18.1 percent over the previous year, or namely 328.3173 million person/nights with an increase of 9.4 percent over the previous year. The number of domestic tourists received by travel agencies was 141.4725 million, or namely 288.3321 million person/nights, increasing 3.3 percent and 9.5 percent over the previous year respectively.

8. Outbound Travel

In 2010, the market of outbound travel kept growing at a fast speed. The number of countries and regions with Approved Destination Status (ADS) continued to grow.

——In 2010, the total number of Chinese outbound visitors reached 57.3865 million, increasing by 20.4 percent over the previous year. Of the total, 5.8785 million Chinese nationals traveled abroad for public affairs, 7.9 percent more than that of the previous year, and 51.5090 million for private purpose, 22.0 percent more than that of the previous year. The top ten first stop destinations for Chinese nationals were Hong Kong SAR, Macao SAR, Japan, Korea, Taiwan China, Vietnam, U. S. A., Malaysia, Thailand and Singapore.

——In 2010, the total number of Chinese nationals traveling abroad organized by travel agencies was 16.6388 million, with a 34.8 percent increase. Of the total, 8.761 million visitors went to foreign countries, 27.8 percent more than that of the previous year; and 7.8778 million to Hong Kong SAR and Macao SAR, an increase of 51.6 percent.

——In 2010, 7 more countries have been granted with ADS. They are D. P. R. Korea, Micronesia, Uzbekistan, Lebanon, Canada, Serbia and Iran.

——In 2010, the numbers of outbound travel made by the residents of Mainland China to the approved destinations in terms of first stop are as follows: 23.0990 million visited Hong Kong SAR, with an increase of 23.7 percent over the previous year; 16.1124 million visited Macao SAR, with an increase of 6.5 percent; 1.9689 million visited Japan, with an increase of 26.8 percent; 1.9686 million visited Korea, with an increase of 33.5 percent; 1.6619 million visited Taiwan China, with an increase of 68.6 percent; 1.211 million visited Vietnam, with a decrease of 9.9 percent; 1.0776 million visited U. S. A., with an increase of 30.7 percent; 1.0337 million visited Malaysia, with an increase of 69.7 percent, 1.0146 million visited Thailand, with an increase of 63.1 percent; 825.7 thousand visited Singapore, with an increase of 23.6 percent; 710.9 thousand visited Russia, with an increase of 3.9 percent; 545.3 thousand visited Australia, with an increase of 20.6 percent; 468.8 thousand visited Indonesia, with an increase of 42.6 percent; 367.2 thousand visited Cambodia, with an increase of 65.2 percent; 312.3 thousand visited Britain, with an increase of 21.6 percent; 306.0 thousand visited Canada, with an increase of 25 percent; 286.9 thousand visited Germany, with an increase of 21.7 percent; 273.3 thousand visited France, with an increase of 19.8 percent; 271.8 thousand visited Italy, with an increase of 23.5 percent; 262.7 thousand visited Myanmar, with a decrease of 24.2 percent; 226.5 thousand visited Mongolia, with an increase of 52.3 percent; 215.2 thousand visited Philippines, with an increase of 26.8 percent; 195.2 thousand visited Laos, with an increase of 2.9 percent; 165.9 thousand visited United Arab Emirates, with an increase of 28.8 percent; 135.3 thousand visited Kazakhstan, with a decrease of 21.7 percent; 131.1 thousand visited D. P. R. Korea, with an increase of 36.4

percent; 102. 5 thousand visited Maldives, with an increase of 128. 0 percent.

9. Education and Training in Tourism Industry

——By the end of 2010, there were 967 higher learning institutes and colleges with travel and tourism departments, 115 more than that in 2009. And the number of enrolled students was 596. 1 thousand, 97. 7 thousand more than that in the previous year. There were 1001 medium-level professional schools, 120 schools less than that of the previous year, with 490. 3 thousand enrolled students, 36. 2 thousand more than that in the previous year. In total, there were 1968 tourism institutes and schools with an enrollment of 1. 0864 million students.

——In 2010, 4. 2665 million employees participated in training programs, 295. 4 thousand more than that in the previous year, with a 7. 4 percent increase.

一、入境旅游人数

1. INTERNATIONAL VISITOR ARRIVALS TO CHINA

1－1　1978～2010年中国入境过夜旅游者人数和国际旅游（外汇）收入的世界排名

RANK OF CHINA'S TOURIST ARRIVALS & TOURISM RECEIPTS IN THE WORLD 1978—2010

年　份 YEAR	过夜旅游者人数（万人次） TOURIST ARRIVALS（10000 PERSON-TIMES）	世界排名 RANK	国际旅游（外汇）收入（亿美元） TOURISM RECEIPTS（100Mn. US $）	世界排名 RANK
1978	71.60	—	2.63	—
1979	152.90	—	4.49	—
1980	350.00	18	6.17	34
1981	376.70	17	7.85	34
1982	392.40	16	8.43	29
1983	379.10	16	9.41	26
1984	514.10	14	11.31	21
1985	713.30	13	12.50	21
1986	900.10	12	15.31	22
1987	1 076.00	12	18.62	26
1988	1 236.10	10	22.47	26
1989	936.10	12	18.60	27
1990	1 048.40	11	22.18	25
1991	1 246.40	12	28.45	21
1992	1 651.20	9	39.47	17
1993	1 898.20	7	46.83	15
1994	2 107.00	6	73.23	10
1995	2 003.40	8	87.33	10
1996	2 276.50	6	102.00	9
1997	2 377.00	6	120.74	8
1998	2 507.29	6	126.02	7
1999	2 704.66	5	140.99	7
2000	3 122.88	5	162.24	7
2001	3 316.67	5	177.92	5
2002	3 680.26	5	203.85	5
2003	3 297.05	5	174.06	7
2004	4 176.14	4	257.39	7
2005	4 680.90	4	292.96	6
2006	4 991.34	4	339.49	5
2007	5 471.98	4	419.19	5
2008	5 304.92	4	408.43	5
2009	5 087.52	4	396.75	5
2010	5 566.45	3	458.14	4

资料来源：世界旅游组织

SOURCE：WORLD TOURISM ORGANIZATION

1－2　1978～2010年入境旅游人数

ANNUAL VISITOR ARRIVALS 1978—2010

单　位：万人次
UNIT：10000 PERSON-TIMES

年　份 YEAR	总　计 TOTAL	外国人 FOREIGN-ERS	华　侨 OVERSEAS CHINESE	港澳台同胞 ＊COMPA-TRIOTS	#台湾同胞 TAIWAN COMPATRIOTS
1978	180.92	22.96	1.81	156.15	
1979	420.39	36.24	2.09	382.06	
1980	570.25	52.91	3.44	513.90	
1981	776.71	67.52	3.89	705.31	
1982	792.43	76.45	4.27	711.70	
1983	947.70	87.25	4.04	856.41	
1984	1 285.22	113.43	4.75	1 167.04	
1985	1 783.31	137.05	8.48	1 637.78	
1986	2 281.95	148.23	6.81	2 126.90	
1987	2 690.23	172.78	8.70	2 508.74	
1988	3 169.48	184.22	7.93	2 977.33	43.77
1989	2 450.14	146.10	6.86	2 297.19	54.10
1990	2 746.18	174.73	9.11	2 562.34	94.80
1991	3 334.98	271.01	13.34	3 050.62	94.66
1992	3 811.49	400.64	16.51	3 394.34	131.78
1993	4 152.69	465.59	16.62	3 670.49	152.70
1994	4 368.45	518.21	11.52	3 838.72	139.02
1995	4 638.65	588.67	11.58	4 038.40	153.23
1996	5 112.75	674.43	15.46	4 422.86	173.39
1997	5 758.79	742.80	9.90	5 006.09	211.76
1998	6 347.84	710.77	12.07	5 625.00	217.46
1999	7 279.56	843.23	10.81	6 425.52	258.46
2000	8 344.39	1 016.04	7.55	7 320.80	310.86
2001	8 901.29	1 122.64	—	7 778.65	344.20
2002	9 790.83	1 343.95	—	8 446.88	366.06
2003	9 166.21	1 140.29	—	8 025.92	273.19
2004	10 903.82	1 693.25	—	9 210.57	368.53
2005	12 029.23	2 025.51	—	10 003.71	410.92
2006	12 494.21	2 221.03	—	10 273.18	441.35
2007	13 187.33	2 610.97	—	10 576.36	462.79
2008	13 002.74	2 432.53	—	10 570.21	438.56
2009	12 647.59	2 193.75	—	10 005.44	448.40
2010	13 376.22	2 612.69	—	10 249.48	514.06

资料来源：公安部

SOURCE：MINISTRY OF PUBLIC SECURITY

NOTE：＊COMPATRIOTS FROM HONG KONG，MACAO AND TAIWAN PROVINCE.

1-3　2010年各月入境旅游人数
MONTHLY VISITOR ARRIVALS 2010

单　位：万人次
UNIT：10000 PERSON-TIMES

月　份 MONTH	总　计 TOTAL	外国人 FOREIGN-ERS	香港同胞 HONGKONG COMPATRIOTS	澳门同胞 MACAO COMPATRIOTS	台湾同胞 TAIWAN COMPATRIOTS
全　年 WHOLE YEAR	**13 376.22**	**2 612.69**	**7 932.19**	**2 317.29**	**514.06**
一　月　JAN.	1 069.71	189.41	648.43	194.82	37.05
二　月　FEB.	940.34	150.95	584.49	166.46	38.43
三　月　MAR.	1 132.85	234.71	664.79	192.22	41.13
四　月　APR.	1 186.15	227.79	724.03	191.30	43.03
五　月　MAY	1 134.65	228.71	671.05	191.16	43.73
六　月　JUNE	1 088.30	223.51	630.89	189.84	44.06
七　月　JULY	1 150.13	226.35	676.13	197.11	50.55
八　月　AUG.	1 171.41	236.08	688.98	198.86	47.49
九　月　SEP.	1 103.69	228.37	642.59	190.04	42.68
十　月　OCT.	1 163.64	255.09	662.54	198.94	47.08
十一月　NOV.	1 089.34	212.53	644.28	192.90	39.64
十二月　DEC.	1 146.02	199.19	693.99	213.65	39.19

资料来源：公安部
SOURCE：MINISTRY OF PUBLIC SECURITY

1-4 2010年各月入境旅游人数（按入境方式分）
MONTHLY VISITOR ARRIVALS BY MODE OF TRANSPORT 2010

单　位：万人次
UNIT：10000 PERSON-TIMES

月　份 MONTH	总　计 TOTAL	船舶 SEA	飞机 AIR	火车 RAIL	汽车 MOTOR	徒步 FOOT
全　年 WHOLE YEAR	**13 376.22**	**503.90**	**2 001.39**	**131.30**	**3 118.63**	**7 621.01**
一　月　JAN.	1 069.71	36.72	133.83	9.61	259.57	629.98
二　月　FEB.	940.34	34.23	121.73	9.09	226.78	548.51
三　月　MAR.	1 132.85	38.36	174.29	10.81	266.38	643.00
四　月　APR.	1 186.15	45.14	170.57	13.39	276.42	680.63
五　月　MAY	1 134.65	42.00	175.09	10.65	262.83	644.08
六　月　JUNE	1 088.30	41.05	174.23	10.01	252.93	610.09
七　月　JULY	1 150.13	46.63	181.70	10.82	265.35	645.64
八　月　AUG.	1 171.41	48.87	183.12	11.57	274.01	653.83
九　月　SEP.	1 103.69	42.53	181.03	10.63	249.62	619.88
十　月　OCT.	1 163.64	46.08	196.74	13.34	261.53	645.94
十一月　NOV.	1 089.34	40.56	159.08	10.96	255.37	623.38
十二月　DEC.	1 146.02	41.74	149.99	10.42	267.82	676.06

资料来源：公安部
SOURCE：MINISTRY OF PUBLIC SECURITY

1-5 2009～2010年主要客源国入境旅游人数
FOREIGN VISITOR ARRIVALS FROM THE MAIN GENERATING COUNTRIES 2009—2010

单　位：万人次
UNIT：10000 PERSON-TIMES

国籍 NATIONALITY		2010年 2010	2009年 2009	2010年比2009年增长(%) GROWTH(%)
总计	**TOTAL**	**2 612.69**	**2 193.75**	**19.1**
其中	OF WHICH			
韩国	KOREA	407.64	331.75	27.5
日本	JAPAN	373.12	319.75	12.5
俄罗斯	RUSSIA	237.03	174.30	36.0
美国	U.S.A.	200.96	170.98	17.5
马来西亚	MALAYSIA	124.52	105.90	17.6
新加坡	SINGAPORE	100.37	88.95	12.8
越南	VIETNAM	92.00	82.86	11.0
菲律宾	PHILIPPINES	82.83	74.89	10.6
蒙古	MONGOLIA	79.44	57.67	37.7
加拿大	CANADA	68.53	55.03	24.5
澳大利亚	AUSTRALIA	66.13	56.15	17.8
泰国	THAILAND	63.55	54.18	17.3
德国	GERMANY	60.86	51.85	17.4
英国	UNITED KINGDOM	57.50	52.88	8.7
印度尼西亚	INDONESIA	57.34	46.90	22.3
印度	INDIA	54.93	44.89	22.4
法国	FRANCE	51.27	42.48	20.7
缅甸	MYNMAR	49.34	60.77	-18.8
哈萨克斯坦	KAZAKHSTAN	38.03	27.99	35.9
意大利	ITALY	22.92	19.14	19.8
荷兰	NETHERLANDS	18.91	16.69	13.3
瑞典	SWEDEN	15.45	12.58	22.9
西班牙	SPAIN	13.83	11.45	20.8
伊朗	IRAN	11.70	8.76	33.5
朝鲜	KOREA,D.P.REP.	11.64	10.39	12.0
新西兰	NEW ZEALAND	11.61	10.04	15.5
乌克兰	UKRAINE	10.57	8.66	22.1
巴基斯坦	PAKISTAN	8.73	8.15	7.2
丹麦	DANMARK	8.67	7.73	12.1
巴西	BRAZIL	8.51	6.37	33.6
土耳其	TURKEY	8.45	6.44	31.2
以色列	ISRAEL	8.34	7.30	14.2
比利时	BELGIUM	7.62	6.08	25.5
瑞士	SWITZERLAND	7.43	6.26	18.7
芬兰	FINLAND	6.92	6.09	13.7
奥地利	AUSTRIA	6.73	5.62	19.7
南非	SOUTH AFRICA	6.45	5.08	27.0
波兰	POLAND	6.21	5.37	15.6
埃及	EGYPT	5.91	4.97	19.0
挪威	NORWAY	5.35	4.77	12.3
墨西哥	MEXICO	4.94	4.94	52.8
葡萄牙	PORTUGAL	4.77	4.36	9.3
乌兹别克斯坦	UZBKISTAN	4.26	4.95	-14.0
孟加拉国	BANGLADESH	4.16	4.16	29.0
尼日利亚	NIGERIA	4.14	5.06	-18.2

1－6　2010年各月入境外国

MONTHLY FOREIGN VISITOR

国　籍 NATIONALITY		一月 JAN.	二月 FEB.	三月 MAR.	四月 APR.	五月 MAY	六月 JUNE
总　计	**TOTAL**	**189.41**	**150.95**	**234.71**	**227.79**	**228.71**	**223.51**
亚　洲	**ASIA**	**119.27**	**99.27**	**148.12**	**145.51**	**144.01**	**141.17**
日　本	JAPAN	28.55	24.40	36.00	30.75	32.64	32.80
韩　国	KOREA	31.52	28.34	33.45	33.65	35.12	34.10
蒙　古	MONGOLIA	5.61	2.96	5.23	5.74	6.92	7.64
印度尼西亚	INDONESIA	3.38	3.02	4.42	5.15	4.85	5.62
马来西亚	MALAYSIA	6.32	7.32	8.32	9.32	10.32	11.32
菲律宾	PHILIPPINES	6.27	5.60	7.21	7.43	7.67	6.86
新加坡	SINGAPORE	6.48	5.35	9.17	8.47	9.45	9.46
泰　国	THAILAND	4.15	3.64	6.90	7.89	5.20	4.02
印　度	INDIA	3.67	2.51	4.72	5.33	5.24	5.30
其　他	OTHERS	23.33	16.14	32.69	31.78	26.61	24.06
欧　洲	**EUROPE**	**39.71**	**28.19**	**49.31**	**43.84**	**47.64**	**45.86**
英　国	UNITED KINGDOM	4.21	3.53	5.55	5.03	4.99	4.38
法　国	FRANCE	3.59	3.05	4.03	4.44	4.96	4.04
德　国	GERMANY	4.49	3.42	5.96	4.93	5.79	4.71
意大利	ITALY	1.69	1.08	2.01	1.94	2.13	1.80
瑞　士	SWITZERLAND	0.47	0.37	0.58	0.63	0.71	0.64
瑞　典	SWEDEN	1.46	1.02	1.56	1.30	1.30	1.20
荷　兰	NETHERLANDS	1.30	1.02	1.52	1.56	1.75	1.47
俄罗斯	RUSSIA	15.65	9.70	19.18	16.03	17.60	19.89
其　他	OTHERS	6.84	5.01	8.92	7.99	8.41	7.75
美　洲	**AMERICA**	**20.88**	**17.22**	**25.85**	**26.81**	**26.61**	**26.56**
美　国	U.S.A.	14.22	11.27	17.55	17.62	18.20	19.27
加拿大	CANADA	4.69	4.43	5.84	5.67	5.81	4.96
其　他	OTHERS	1.96	1.52	2.45	3.51	2.60	2.33
大洋洲	**OCEANIA**	**6.31**	**4.49**	**6.82**	**6.83**	**6.32**	**6.21**
澳大利亚	AUSTRALIA	5.32	3.75	5.81	5.73	5.26	5.15
新西兰	NEW ZEALAND	0.90	0.66	0.92	1.01	0.95	0.98
其　他	OTHERS	0.09	0.08	0.09	0.10	0.11	0.08
非　洲	**AFRICA**	**3.23**	**1.59**	**4.60**	**4.79**	**4.12**	**3.68**
其　他	**OTHERS**	**0.02**	**0.19**	**0.02**	**0.02**	**0.02**	**0.02**

资料来源：公安部

SOURCE: MINISTRY OF PUBLIC SECURITY

游客人数（按国籍分）

ARRIVALS BY NATIONALITY 2010

单　位：万人次
UNIT：10000 PERSON-TIMES

七月 JULY	八月 AUG.	九月 SEP.	十月 OCT.	十一月 NOV.	十二月 DEC.	合计 TOTAL	占总数比重（%） P. C. TOTAL	比上年增长（%） GROWTH（%）
226.35	**236.08**	**228.37**	**255.09**	**212.53**	**199.19**	**2 612.69**	**100.0**	**19.1**
136.00	**144.16**	**137.97**	**145.87**	**130.93**	**128.08**	**1 620.37**	**62.0**	**17.6**
32.38	35.26	33.39	32.24	28.23	26.47	373.12	14.3	12.5
38.71	41.63	32.49	37.29	31.86	29.48	407.64	15.6	27.5
6.41	9.76	6.32	7.42	8.31	7.12	79.44	3.0	37.8
4.89	4.13	8.57	5.00	3.74	4.58	57.34	2.2	22.3
12.32	13.32	14.32	15.32	16.32	17.32	18.32	0.7	18.3
7.02	7.01	6.92	7.32	6.56	6.95	82.83	3.2	10.6
6.78	6.99	8.09	9.12	9.95	11.07	100.37	3.8	12.8
4.33	4.53	5.06	7.32	4.91	5.60	63.55	2.4	17.3
4.71	4.69	4.55	5.32	4.63	4.26	54.93	2.1	22.4
18.43	16.85	18.26	19.53	16.44	15.23	382.84	14.7	46.7
53.35	**57.39**	**52.23**	**63.49**	**47.44**	**38.84**	**567.28**	**21.7**	**23.6**
4.94	4.85	5.14	6.18	5.10	3.61	57.50	2.2	8.7
5.09	5.14	4.39	5.75	3.64	3.16	51.27	2.0	20.7
4.73	5.44	5.39	6.81	5.22	3.98	60.86	2.3	17.4
1.96	2.35	1.87	2.64	2.01	1.44	22.92	0.9	19.8
0.73	0.67	0.75	0.89	0.60	0.41	7.43	0.3	18.7
0.93	0.94	1.14	1.70	1.50	1.40	15.45	0.6	22.9
2.15	1.63	1.76	2.06	1.48	1.21	18.91	0.7	13.3
24.30	27.73	23.18	26.56	19.99	17.21	237.03	9.1	36.0
8.53	8.64	8.60	10.90	7.90	6.42	95.90	3.7	-8.1
26.99	**24.54**	**25.61**	**32.79**	**24.26**	**21.42**	**299.54**	**11.5**	**20.2**
18.36	16.31	17.13	21.38	15.78	13.86	200.96	7.7	17.5
6.08	5.68	5.74	7.41	6.23	5.98	68.53	2.6	24.5
2.55	2.55	2.73	4.01	2.25	1.58	30.05	1.2	-11.4
6.22	**6.13**	**8.28**	**7.86**	**6.15**	**7.30**	**78.93**	**3.0**	**17.4**
5.08	5.04	7.04	6.60	5.19	6.18	66.13	2.5	17.8
1.02	0.98	1.14	1.15	0.87	1.02	11.61	0.4	15.6
0.12	0.11	0.11	0.12	0.09	0.09	1.19	0.1	-12.5
3.78	**3.83**	**4.26**	**5.05**	**3.73**	**3.70**	**46.36**	**1.8**	**15.6**
0.01	**0.02**	**0.02**	**0.02**	**0.01**	**-0.15**	**0.21**	**0.0**	**-2.9**

1-7 2006~2010年入境外国旅游者人数（按国籍分）

ANNUAL FOREIGN VISITOR ARRIVALS BY NATIONALITY 2006—2010

单 位：万人次

UNIT：10000 PERSON-TIMES

国籍	NATIONALITY	2006年 2006	2007年 2007	2008年 2008	2009年 2009	2010年 2010
总计	**TOTAL**	**2 221.03**	**2 610.97**	**2 432.53**	**2 193.75**	**2 612.69**
亚洲	**ASIA**	**1 359.60**	**1 607.03**	**1 456.17**	**1 377.93**	**1 620.37**
日本	JAPAN	374.59	397.75	344.61	331.75	373.12
韩国	KOREA	392.40	477.68	396.04	319.75	407.64
蒙古	MONGOLIA	63.12	68.20	70.53	57.67	79.44
印度尼西亚	INDONESIA	43.30	47.71	42.63	46.90	57.34
马来西亚	MALAYSIA	91.05	106.20	104.05	18.32	18.32
菲律宾	PHILIPPINES	70.42	83.30	79.53	74.89	82.83
新加坡	SINGAPORE	82.79	92.20	87.58	88.95	100.37
泰国	THAILAND	59.20	61.16	55.43	54.18	63.55
印度	INDIA	40.51	46.25	43.66	44.89	54.93
其他	OTHERS	142.23	226.60	232.12	340.62	382.84
欧洲	**EUROPE**	**527.18**	**620.73**	**611.27**	**459.12**	**567.28**
英国	UNITED KINGDOM	55.26	60.51	55.15	52.88	57.50
法国	FRANCE	40.22	46.34	43.00	42.48	51.27
德国	GERMANY	50.06	55.67	52.89	51.85	60.86
意大利	ITALY	19.53	21.52	19.44	19.14	22.92
瑞士	SWITZERLAND	5.79	6.46	6.34	6.26	7.43
瑞典	SWEDEN	12.96	14.51	13.77	12.58	15.45
荷兰	NETHERLANDS	16.78	19.41	18.09	16.69	18.91
俄罗斯	RUSSIA	240.51	300.39	312.34	174.30	237.03
其他	OTHERS	86.08	95.92	90.25	82.96	95.90
美洲	**AMERICA**	**240.58**	**272.10**	**258.19**	**249.12**	**299.54**
美国	U.S.A.	171.03	190.12	178.64	170.98	200.96
加拿大	CANADA	49.97	57.72	53.47	55.03	68.53
其他	OTHERS	19.59	24.26	26.08	23.10	30.05
大洋洲	**OCEANIA**	**63.86**	**72.85**	**68.87**	**67.24**	**78.93**
澳大利亚	AUSTRALIA	53.81	60.74	57.15	56.15	66.13
新西兰	NEW ZEALAND	8.86	10.87	10.52	10.04	11.61
其他	OTHERS	1.19	1.24	1.20	1.05	1.19
非洲	**AFRICA**	**29.38**	**37.91**	**37.84**	**40.12**	**46.36**
其他	**OTHERS**	**0.43**	**0.34**	**0.19**	**0.22**	**0.21**

资料来源：公安部

SOURCE：MINISTRY OF PUBLIC SECURITY

二、入境外国游客主要特征

2. MAJOR PROFILE OF FOREIGN VISITOR ARRIVALS

2－1　2009～2010 年入境外国游客人数

（按年龄、性别、目的和入境方式分）

FOREIGN VISITOR ARRIVALS BY AGE，SEX，PURPOSE & MODE OF TRANSPORT 2009—2010

单　位：万人次
UNIT：10000 PERSON-TIMES

项　目	ITEM	2010 年 2010	占总人数比重（%） P. C. TOTAL	2009 年 2009	占总人数比重（%） P. C. TOTAL
总　计	TOTAL	2 612.69	100.0	2 193.75	100.0
14 岁及以下	UNDER 14	109.44	4.2	92.05	4.2
15～24 岁	15－24	203.09	7.8	171.90	7.8
25～44 岁	25－44	1 171.31	44.8	1 004.28	45.8
45～64 岁	45－64	965.20	36.9	796.56	36.3
65 岁及以上	OVER 65	163.65	6.3	128.95	5.9
男	MALE	1 678.88	64.3	1 430.15	65.2
女	FEMALE	933.81	35.7	763.60	34.8
会议/商务	MEETING/BUSINESS	619.67	23.7	523.72	23.9
观光休闲	SIGHTSEEING/LEISURE	1 238.20	47.4	1 013.27	46.2
探亲访友	VISITING RELATIVES & FRIENDS	9.10	0.3	8.01	0.4
服务员工	WORKER & CREW	246.27	9.4	227.37	10.4
其　他	OTHERS	499.44	19.1	421.38	19.2
船　舶	SEA	273.64	10.5	234.18	10.7
飞　机	AIR	1 543.78	59.1	1 254.88	57.2
火　车	RAIL	60.76	2.3	53.35	2.4
汽　车	MOTOR	341.91	13.1	276.43	12.6
徒　步	FOOT	392.61	15.0	374.91	17.1

资料来源：公安部
SOURCE：MINISTRY OF PUBLIC SECURITY

2-2 2010年各月入境外国
MONTHLY FOREIGN VISITOR

月份 MONTH	合计 TOTAL	会议/商务 MEETING/BUSINESS
全年 WHOLE YEAR	**2 612.69**	**619.67**
一月 JAN.	189.41	48.80
二月 FEB.	150.95	31.39
三月 MAR.	234.71	59.69
四月 APR.	227.79	57.30
五月 MAY	228.71	55.20
六月 JUNE	223.51	52.43
七月 JULY	226.35	50.10
八月 AUG.	236.08	50.66
九月 SEP.	228.37	51.57
十月 OCT.	255.09	63.45
十一月 NOV.	212.53	54.59
十二月 DEC.	199.19	44.50

资料来源：公安部

SOURCE：MINISTRY OF PUBLIC SECURITY

游客人数（按目的分）

ARRIVALS BY PURPOSE 2010

单　位：万人次
UNIT：10000 PERSON-TIMES

观光休闲 SIGHTSEEING/ LEISURE	探亲访友 VISITING RELATIVES & FRIENDS	服务员工 WORKER & CREW	其　他 OTHERS
1 238.20	**9.10**	**246.27**	**499.44**
80.00	0.54	18.80	41.27
64.20	0.86	16.59	37.91
111.68	0.78	20.27	42.29
111.76	0.76	20.26	37.72
111.52	0.70	21.20	40.09
109.93	0.77	20.64	39.75
113.92	0.71	21.40	40.22
111.28	0.93	21.97	51.24
114.88	0.71	21.41	39.80
124.73	0.73	21.92	44.25
95.40	0.68	21.20	40.66
88.91	0.94	20.61	44.23

2－3　2010年各月入境外国游客人数

（按年龄和性别分）

MONTHLY FOREIGN VISITOR ARRIVALS BY AGE & SEX 2010

单　位：万人次

UNIT：10000 PERSON-TIMES

月　份 MONTH	合　计 TOTAL	年　龄 AGE					性　别 SEX	
		14岁及以下 UNDER 14	15～24岁 15－24	25～44岁 25－44	45～64岁 45－64	65岁及以上 OVER 65	男 MALE	女 FEMALE
全　年 WHOLE YEAR	**2 612.69**	**109.44**	**203.09**	**1 171.31**	**965.20**	**163.65**	**1 678.88**	**933.81**
一　月　JAN.	189.41	7.88	14.39	90.50	67.82	8.82	126.89	62.52
二　月　FEB.	150.95	9.07	14.91	68.28	50.91	7.80	97.32	53.64
三　月　MAR.	234.71	7.74	18.41	105.27	87.19	16.09	152.58	82.13
四　月　APR.	227.79	7.44	13.86	102.23	87.19	17.08	148.63	79.16
五　月　MAY	228.71	8.16	15.73	102.44	86.03	16.36	147.31	81.40
六　月　JUNE	223.51	10.84	17.83	97.28	82.99	14.57	142.83	80.68
七　月　JULY	226.35	13.72	22.68	98.67	80.08	11.21	141.95	84.40
八　月　AUG.	236.08	14.65	25.36	104.09	81.25	10.73	144.91	91.16
九　月　SEP.	228.37	6.81	16.46	99.14	88.09	17.87	143.77	84.60
十　月　OCT.	255.09	7.24	14.46	113.14	100.40	19.85	163.55	91.54
十一月　NOV.	212.53	5.90	12.16	97.85	82.82	13.80	140.23	72.30
十二月　DEC.	199.19	9.99	16.85	92.42	70.46	9.48	128.91	70.28

资料来源：公安部

SOURCE：MINISTRY OF PUBLIC SECURITY

2-4 2010年各月入境外国游客人数（按入境方式分）
MONTHLY FOREIGN VISITOR ARRIVALS BY MODE OF TRANSPORT 2010

单 位：万人次
UNIT：10000 PERSON-TIMES

月 份 MONTH	总 计 TOTAL	船舶 SEA	飞机 AIR	火车 RAIL	汽车 MOTOR	徒步 FOOT
全 年 WHOLE YEAR	**2 612.69**	**273.64**	**1 543.78**	**60.76**	**341.91**	**392.61**
一 月 JAN.	189.41	19.26	105.91	4.23	26.04	33.98
二 月 FEB.	150.95	14.68	88.31	2.98	18.71	26.27
三 月 MAR.	234.71	20.20	138.93	5.09	32.15	38.35
四 月 APR.	227.79	21.46	132.98	6.28	28.01	39.05
五 月 MAY	228.71	23.10	136.72	4.96	27.32	36.61
六 月 JUNE	223.51	23.42	133.60	4.60	28.24	33.64
七 月 JULY	226.35	26.72	134.80	4.83	28.35	31.64
八 月 AUG.	236.08	27.65	139.66	5.36	32.62	30.78
九 月 SEP.	228.37	25.58	140.53	5.04	28.32	28.90
十 月 OCT.	255.09	27.72	153.73	7.47	34.14	32.02
十一月 NOV.	212.53	22.47	123.47	5.37	31.03	30.19
十二月 DEC.	199.19	21.38	115.15	4.54	26.97	31.16

资料来源：公安部
SOURCE：MINISTRY OF PUBLIC SECURITY

2－5　2010年入境外国游客
FOREIGN VISITOR ARRIVALS

国　籍 NATIONALITY		合　计 TOTAL	会议/商务 MEETING/BUSINESS
总　计	**TOTAL**	**2 612.69**	**619.67**
亚　洲	**ASIA**	**1 620.37**	**365.93**
日　本	JAPAN	373.12	92.24
韩　国	KOREA	407.64	137.89
蒙　古	MONGOLIA	79.44	7.77
印度尼西亚	INDONESIA	57.34	2.43
马来西亚	MALAYSIA	124.52	17.89
菲律宾	PHILIPPINES	82.83	3.34
新加坡	SINGAPORE	100.37	17.09
泰　国	THAILAND	63.55	2.93
印　度	INDIA	54.93	19.16
其　他	OTHERS	276.64	65.19
欧　洲	**EUROPE**	**567.28**	**152.53**
英　国	UNITE KINGDOM	57.50	19.11
法　国	FRANCE	51.27	11.07
德　国	GERMANY	60.86	23.65
意大利	ITALY	22.92	7.98
瑞　士	SWITZERLAND	7.43	2.39
瑞　典	SWEDEN	15.45	3.33
荷　兰	NETHERLANDS	18.91	3.00
俄罗斯	RUSSIA	237.03	57.09
其　他	OTHERS	95.90	24.91
美　洲	**AMERICA**	**299.54**	**68.01**
美　国	U.S.A.	200.96	52.51
加拿大	CANADA	68.53	8.34
其　他	OTHERS	30.05	7.16
大洋洲	**OCEANIA**	**78.93**	**14.02**
澳大利亚	AUSTRALIA	66.13	11.94
新西兰	NEW ZEALAND	11.61	1.85
其　他	OTHERS	1.19	0.23
非　洲	**AFRICA**	**46.36**	**19.15**
其　他	**OTHERS**	**0.21**	**0.03**

资料来源：公安部

SOURCE：MINISTRY OF PUBLIC SECURITY

人数（按国籍和目的分）

BY NATIONALITY & PURPOSE 2010

单　位：万人次
UNIT：10000 PERSON-TIMES

观光休闲 SIGHTSEEING/ LEISURE	探亲访友 VISITING RELATIVES & FRIENDS	服务员工 WORKER & CREW	其　他 OTHERS
1 238.20	**9.10**	**246.27**	**499.44**
695.83	**8.33**	**169.86**	**380.42**
114.43	3.72	11.94	150.79
196.24	0.50	31.79	41.22
3.75	0.06	7.24	60.62
44.04	0.03	7.69	3.15
91.78	0.08	6.89	7.87
23.25	0.05	48.32	7.86
39.41	3.65	4.58	35.63
50.01	0.02	5.86	4.73
18.37	0.06	9.90	7.43
114.54	0.16	35.66	61.09
296.16	**0.30**	**54.78**	**63.51**
27.18	0.05	2.97	8.18
26.75	0.07	2.89	10.49
22.43	0.05	3.94	10.80
10.73	0.02	1.02	3.17
3.61	0.01	0.44	0.98
7.64	0.01	0.42	4.04
12.10	0.02	1.59	2.20
142.76	0.02	25.98	11.18
42.96	0.05	15.52	12.45
175.45	**0.33**	**14.46**	**41.30**
112.03	0.21	10.14	26.06
45.94	0.08	2.35	11.82
17.48	0.03	1.96	3.42
50.43	**0.12**	**3.56**	**10.80**
42.85	0.09	2.64	8.60
7.08	0.03	0.57	2.07
0.49	0.00	0.34	0.12
20.27	**0.02**	**3.61**	**3.30**
0.07	**0.01**	**0.00**	**0.10**

2－6　2010年入境外国游客
FOREIGN VISITOR ARRIVALS

国籍 NATIONALITY	合计 TOTAL	年龄	
		14岁及以下 UNDER 14	15～24岁 15－24
总　计　TOTAL	**2 612.69**	**109.44**	**203.09**
亚　洲　ASIA	**1 620.37**	**59.54**	**118.28**
日　本　JAPAN	373.12	11.09	13.54
韩　国　KOREA	407.64	18.98	25.50
蒙　古　MONGOLIA	79.44	2.66	10.48
印度尼西亚　INDONESIA	57.34	2.43	5.10
马来西亚　MALAYSIA	124.52	5.31	8.07
菲律宾　PHILIPPINES	82.83	1.51	5.06
新加坡　SINGAPORE	100.37	5.51	6.04
泰　国　THAILAND	63.55	1.94	4.50
印　度　INDIA	54.93	1.72	4.59
其　他　OTHERS	276.64	8.38	35.40
欧　洲　EUROPE	**567.28**	**20.99**	**55.67**
英　国　UNITEDKINGDOM	57.50	2.32	3.73
法　国　FRANCE	51.27	2.66	4.33
德　国　GERMANY	60.86	2.03	3.74
意大利　ITALY	22.92	0.52	1.14
瑞　士　SWITZERLAND	7.43	0.27	0.46
瑞　典　SWEDEN	15.45	0.80	1.67
荷　兰　NETHERLANDS	18.91	0.83	1.35
俄罗斯　RUSSIA	237.03	8.82	32.61
其　他　OTHERS	95.90	2.73	6.65
美　洲　AMERICA	**299.54**	**22.02**	**21.49**
美　国　U.S.A.	200.96	13.87	13.79
加拿大　CANADA	68.53	5.90	5.29
其　他　OTHERS	30.05	2.24	2.41
大洋洲　OCEANIA	**78.93**	**6.06**	**5.23**
澳大利亚　AUSTRALIA	66.13	4.88	4.41
新西兰　NEWZEALAND	11.61	1.13	0.71
其　他　OTHERS	1.19	0.05	0.10
非　洲　AFRICA	**46.36**	**0.84**	**2.41**
其　他　OTHERS	**0.21**	**0.00**	**0.01**

资料来源：公安部

SOURCE：MINISTRY OF PUBLIC SECURITY

人数（按国籍、年龄和性别分）

BY NATIONALITY，AGE & SEX 2010

单　位：万人次
UNIT：10000 PERSON-TIMES

AGE			性　别　SEX	
25～44岁 25－44	45～64岁 45－64	65岁及以上 OVER 65	男 MALE	女 FEMALE
1 171.31	**965.20**	**163.65**	**1 678.88**	**933.81**
751.90	**586.73**	**103.92**	**1 076.91**	**543.46**
145.19	164.23	39.07	281.41	91.71
162.82	167.47	32.87	262.97	144.67
47.22	18.39	0.68	39.70	39.74
28.36	17.75	3.71	29.88	27.46
58.47	44.67	8.00	75.02	49.50
52.31	22.49	1.46	63.21	19.61
38.11	43.47	7.23	62.94	37.42
29.05	23.75	4.32	30.63	32.92
33.04	14.10	1.48	46.06	8.87
157.33	70.41	5.11	185.09	91.55
259.94	**204.75**	**25.93**	**329.36**	**237.92**
22.79	24.60	4.06	40.51	16.99
23.02	17.92	3.34	33.37	17.90
26.39	24.77	3.92	44.41	16.45
11.08	8.81	1.38	17.37	5.55
3.02	3.08	0.60	5.25	2.18
6.20	5.61	1.17	10.02	5.43
7.85	7.70	1.18	12.87	6.05
111.94	77.64	6.01	98.62	138.41
47.64	34.61	4.27	66.94	28.96
100.53	**128.51**	**26.99**	**190.40**	**109.14**
62.31	91.47	19.53	130.96	70.00
23.47	27.70	6.16	39.51	29.02
14.75	9.35	1.30	19.92	10.13
28.96	**32.53**	**6.15**	**48.28**	**30.65**
23.77	27.72	5.35	40.40	25.73
4.58	4.42	0.77	7.00	4.60
0.62	0.39	0.03	0.87	0.32
29.88	**12.58**	**0.65**	**33.81**	**12.55**
0.10	**0.09**	**0.01**	**0.13**	**0.08**

2－7　2010 年入境外国游客人数（按国籍和入境方式分）

FOREIGN VISITOR ARRIVALS BY NATIONALITY & MODE OF TRANSPORT 2010

单　位：万人次
UNIT：10000 PERSON-TIMES

国　籍 NATIONALITY		总　计 TOTAL	船舶 SEA	飞机 AIR	火车 RAIL	汽车 MOTOR	徒步 FOOT
总　计	**TOTAL**	**2 612.69**	**273.64**	**1 543.78**	**60.76**	**341.91**	**392.61**
亚　洲	**ASIA**	**1 620.37**	**170.77**	**976.12**	**26.64**	**155.38**	**291.47**
日　本	JAPAN	373.12	15.03	290.87	4.63	24.64	37.95
韩　国	KOREA	407.64	55.22	316.92	2.32	10.57	22.61
蒙　古	MONGOLIA	79.44	0.07	8.74	5.66	61.76	3.20
印度尼西亚	INDONESIA	57.34	8.37	26.46	1.31	7.76	13.44
马来西亚	MALAYSIA	124.52	4.11	85.06	1.29	8.20	25.86
菲律宾	PHILIPPINES	82.83	47.43	19.17	0.70	3.44	12.09
新加坡	SINGAPORE	100.37	3.75	66.33	1.27	8.24	20.77
泰　国	THAILAND	63.55	2.32	44.34	0.43	3.52	12.94
印　度	INDIA	54.93	11.57	25.48	1.80	5.89	10.20
其　他	OTHERS	276.64	22.90	92.76	7.23	21.36	132.40
欧　洲	**EUROPE**	**567.28**	**82.97**	**283.37**	**20.19**	**141.07**	**39.67**
英　国	UNITED KINGDOM	57.50	4.52	36.03	2.28	5.73	8.94
法　国	FRANCE	51.27	2.11	39.56	1.53	3.66	4.41
德　国	GERMANY	60.86	3.51	49.47	1.19	3.11	3.58
意大利	ITALY	22.92	1.75	16.75	0.75	1.77	1.90
瑞　士	SWITZERLAND	7.43	0.36	5.70	0.25	0.47	0.65
瑞　典	SWEDEN	15.45	0.51	12.90	0.38	0.68	0.97
荷　兰	NETHERLANDS	18.91	0.81	14.22	0.74	1.28	1.87
俄罗斯	RUSSIA	237.03	54.90	41.48	10.76	120.11	9.78
其　他	OTHERS	95.90	14.50	67.27	2.31	4.26	7.56
美　洲	**AMERICA**	**299.54**	**13.96**	**202.83**	**8.48**	**33.84**	**40.44**
美　国	U.S.A.	200.96	9.00	141.62	4.60	21.74	24.00
加拿大	CANADA	68.53	3.20	42.58	2.15	8.55	12.04
其　他	OTHERS	30.05	1.75	18.63	1.73	3.55	4.40
大洋洲	**OCEANIA**	**78.93**	**4.35**	**47.64**	**2.90**	**8.49**	**15.56**
澳大利亚	AUSTRALIA	66.13	3.47	40.39	2.38	6.85	13.05
新西兰	NEW ZEALAND	11.61	0.53	6.85	0.49	1.48	2.25
其　他	OTHERS	1.19	0.35	0.39	0.03	0.16	0.27
非　洲	**AFRICA**	**46.36**	**1.59**	**33.77**	**2.54**	**3.09**	**5.37**
其　他	**OTHERS**	**0.21**	**0.01**	**0.06**	**0.00**	**0.04**	**0.10**

资料来源：公安部
SOURCE：MINISTRY OF PUBLIC SECURITY

三、国际旅游（外汇）收入

3. INTERNATIONAL TOURISM RECEIPTS

3－1 1978～2010 年国际旅游（外汇）收入

INTERNATIONAL TOURISM RECEIPTS 1978—2010

年 份 YEAR	国际旅游(外汇)收入 (亿美元) TOURISM RECEIPTS (100Mn. US $)	发展指数 (1978 年为 100) INDICES (1978＝100)	比上年增长 (%) GROWTH (%)
1978	2.63	100.00	—
1979	4.49	170.90	70.90
1980	6.17	234.60	37.30
1981	7.85	298.60	27.30
1982	8.43	320.70	7.40
1983	9.41	358.00	11.60
1984	11.31	430.30	20.20
1985	12.50	475.50	10.50
1986	15.31	582.30	22.50
1987	18.62	708.10	21.60
1988	22.47	854.60	20.70
1989	18.60	707.70	－17.20
1990	22.18	843.50	19.20
1991	28.45	1 082.10	28.30
1992	39.47	1 501.30	38.70
1993	46.83	1 781.40	18.70
1994	73.23	2 785.40	*
1995	87.33	3 321.70	19.25
1996	102.00	3 879.98	16.81
1997	120.74	4 592.67	18.37
1998	126.02	4 793.36	4.37
1999	140.99	5 362.70	11.88
2000	162.24	6 171.17	15.08
2001	177.92	6 767.59	9.67
2002	203.85	7 753.90	14.57
2003	174.06	6 620.82	－14.61
2004	257.39	9 790.35	47.87
2005	292.96	11 143.38	13.82
2006	339.49	12 913.28	15.88
2007	419.19	15 944.81	23.48
2008	408.43	15 535.43	－2.57
2009	396.75	15 091.29	－2.86
2010	458.14	17 419.77	15.47

注：* 由于国家外汇管理体制变化，1994 年国际旅游（外汇）收入统计方法也做了相应的改革，采用了与国际接轨的办法，与往年不能简单对比。

NOTE：* BECAUSE OF THE REFORM IN THE FOREIGN CURRENCY CONTROL SYSTEM, THE METHOD OF CALCULATING TOURISM RECEIPTS IN 1994 HAS ALSO BEEN ADJUSTED AND THE INTERNATIONAL STANDARD IS ADOPTED. IT IS NOT PROPER TO MAKE SIMPLE COMPARISON WITH THE FIGURES OF PREVIOUS YEARS.

3－2 2010年国际旅游（外汇）收入构成
BREAKDOWN OF INTERNATIONAL TOURISM RECEIPTS 2010

单 位：亿美元
UNIT：100Mn. US $

	国际旅游收入 TOURISM RECEIPTS	占总收入比重(%) P. C. TOTAL
总 计 TOTAL	**458.14**	**100.0**
一、长途交通	130.91	28.6
LONG-DISTANCE TRANSPORTATION		
1.民航 AIR	98.08	21.4
2.铁路 RAIL	12.47	2.7
3.汽车 MOTOR	10.81	2.4
4.轮船 SEA	9.56	2.1
二、游览 SIGHTSEEING	51.95	11.3
三、住宿 ACCOMMODATION	41.15	9.0
四、餐饮 FOOD & BEVERAGE	21.07	4.6
五、商品销售 SHOPPING	31.72	6.9
六、娱乐 ENTERTAINMENT	115.90	25.3
七、邮电通讯 COMMUNICATION	14.60	3.2
八、市内交通 LOCAL TRANSPORTATION	10.68	2.3
九、其他服务 OTHERS	40.15	8.8

3-3 2010年各月国际旅游（外汇）收入
MONTHLY OF INTERNATIONAL TOURISM RECEIPTS 2010

单　位：亿美元
UNIT：100 Mn. US $

月　份 MONTH	总　计 TOTAL	外国人 FOREIGN-ERS	香港同胞 HONG KONG COMPATRIOTS	澳门同胞 MACAO COMPATRIOTS	台湾同胞 TAIWAN COMPATRIOTS
全　年 WHOLE YEAR	**458.14**	**267.38**	**106.89**	**26.46**	**57.41**
一　月　JAN.	34.38	19.28	8.74	2.22	4.14
二　月　FEB.	29.34	15.20	7.94	1.90	4.30
三　月　MAR.	39.96	24.22	8.95	2.19	4.60
四　月　APR.	40.23	23.44	9.79	2.18	4.81
五　月　MAY	39.57	23.46	9.04	2.18	4.89
六　月　JUNE	38.48	22.91	8.47	2.17	4.93
七　月　JULY	40.17	23.17	9.09	2.25	5.66
八　月　AUG.	41.06	24.20	9.28	2.27	5.31
九　月　SEP.	38.97	23.39	8.63	2.17	4.77
十　月　OCT.	42.81	26.34	8.94	2.27	5.26
十一月　NOV.	36.89	21.62	8.67	2.20	4.39
十二月　DEC.	36.29	20.16	9.34	2.44	4.34

3-4 2009~2010年主要城市国际旅游（外汇）收入

INTERNATIONAL TOURISM RECEIPTS BY MAJOR CITIES 2009—2010

单 位：万美元
UNIT：TEN THOUS. US $

城市名称 NAME OF CITY	2010年 2010	2009年 2009	增长(%) GROWTH(%)
北 京 BEIJING	504 461	435 668	15.8
天 津 TIANJIN	141 951	118 264	20.0
石家庄 SHIJIAZHUANG	4 384	4 325	1.4
秦皇岛 QINHUANGDAO	12 022	11 909	1.0
承 德 CHENGDE	7 884	5 020	57.0
太 原 TAIYUAN	16 377	13 384	22.4
大 同 DATONG	7 310	6 192	18.1
呼和浩特 HOHHOT	6 882	5 490	25.4
沈 阳 SHENYANG	40 024	36 999	8.2
大 连 DALIAN	80 386	72 748	10.5
长 春 CHANGCHUN	13 748	11 626	18.3
吉 林 JILIN	1 896	1 440	31.7
延 边 YANBIAN	11 472	8 798	30.4
哈尔滨 HARBIN	14 272	14 540	- 1.8
上 海 SHANGHAI	634 092	474 402	33.7
南 京 NANJING	98 062	83 728	17.1
无 锡 WUXI	48 146	34 889	38.0
苏 州 SUZHOU	125 059	99 725	25.4
南 通 NANTONG	36 066	30 933	16.6
连云港 LIANYUNGANG	10 747	9 173	17.2
杭 州 HANGZHOU	169 008	137 995	22.5
宁 波 NINGBO	59 066	48 650	21.4
温 州 WENZHOU	21 115	17 797	18.6
合 肥 HEFEI	12 729	10 758	18.3
黄 山 HUANGSHAN	30 100	25 881	16.3
福 州 FUZHOU	84 300	77 400	8.9
厦 门 XIAMEN	108 552	90 194	20.4
泉 州 QUANZHOU	66 737	64 771	3.0

3－4(续1)

城市名称 NAME OF CITY		2010年 2010	2009年 2009	增长(%) GROWTH(%)
漳州	ZHANGZHOU	15 455	12 685	21.8
南昌	NANCHANG	3 069	3 167	－3.1
九江	JIUJIANG	9 047	7 761	16.6
济南	JINAN	11 354	9 318	21.9
青岛	QINGDAO	60 103	55 178	8.9
烟台	YANTAI	37 707	31 081	21.3
威海	WEIHAI	19 151	16 083	19.1
郑州	ZHENGZHOU	14 162	13 800	2.6
洛阳	LUOYANG	14 096	13 154	7.2
武汉	WUHAN	47 578	32 902	44.6
长沙	CHANGSHA	44 112	36 490	20.9
广州	GUANGZHOU	466 127	362 396	28.6
深圳	SHENZHEN	315 896	276 026	14.4
珠海	ZHUHAI	122 339	102 670	19.2
汕头	SHANTOU	5 016	4 910	2.2
湛江	ZHANJIANG	2 716	2 237	21.4
中山	ZHONGSHAN	27 591	20 434	35.0
南宁	NANNING	5 571	3 939	41.4
桂林	GUILIN	50 213	41 736	20.3
北海	BEIHAI	2 173	1 721	26.2
海口	HAIKOU	3 756	3 089	21.6
三亚	SANYA	24 504	19 497	25.7
重庆	CHONGQING	70 320	53 721	30.9
成都	CHENGDU	27 188	21 937	23.9
贵阳	GUIYANG	2 654	4 122	－35.6
昆明	KUNMING	24 252	21 759	11.5
拉萨	LHASA	7 459	5 704	30.8
西安	XI'AN	53 000	38 293	38.4
兰州	LANZHOU	412	289	42.8
西宁	XINING	1 466	970	51.2
银川	YINCHUAN	507	341	48.7
乌鲁木齐	URUMQI	10 971	4 836	126.8

3－5　2009～2010年各地区国际旅游（外汇）收入

INTERNATIONAL TOURISM RECEIPTS BY LOCALITY 2009—2010

单　位：万美元
UNIT：TEN THOUS. US $

地　区 LOCALITY		2010年 2010	2009年 2009	2010年比增长(%) 2009年 GROWTH(%)
北　京	BEIJING	504 461	435 668	15.8
天　津	TIANJIN	141 951	118 264	20.0
河　北	HEBEI	35 071	30 781	13.9
山　西	SHANXI	46 460	37 794	22.9
内蒙古	INNER MONGOLIA	60 190	55 831	7.8
辽　宁	LIAONING	225 933	185 621	21.7
吉　林	JILIN	30 492	24 294	25.5
黑龙江	HEILONGJIANG	76 250	63 868	19.4
上　海	SHANGHAI	634 092	474 402	33.7
江　苏	JIANGSU	478 343	401 601	19.1
浙　江	ZHEJIANG	393 020	322 358	21.9
安　徽	ANHUI	70 898	56 584	25.3
福　建	FUJIAN	297 824	259 923	14.6
江　西	JIANGXI	34 603	28 975	19.4
山　东	SHANDONG	215 504	176 530	22.1
河　南	HENAN	49 877	43 303	15.2
湖　北	HUBEI	75 116	51 020	47.2
湖　南	HUNAN	90 622	67 270	34.7
广　东	GUANGDONG	1 238 261	1 002 813	23.5
广　西	GUANGXI	80 615	64 334	25.3
海　南	HAINAN	32 236	27 666	16.5
重　庆	CHONGQING	70 320	53 721	30.9
四　川	SICHUAN	35 409	28 856	22.7
贵　州	GUIZHOU	12 958	11 044	17.3
云　南	YUNNAN	132 365	117 221	12.9
西　藏	TIBET	10 359	7 873	31.6
陕　西	SHAANXI	101 596	77 107	31.8
甘　肃	GANSU	1 481	1 254	18.1
青　海	QINGHAI	2 045	1 542	32.6
宁　夏	NINGXIA	599	443	35.3
新　疆	XINJIANG	18 542	13 663	35.7

3－6 2010年入境旅游者人均天消费情况（按地区分）
THE AVERAGE DAILY PER CAPITA EXPENDITURE BY INTERNATIONAL TOURISTS 2010

地 区 LOCALITY		人均天花费（美元/人天）(US $/NIGHT)	AVERAGE EXPENDITURE			
			外国人 FOREIGN-ERS	香港同胞 HONG KONG COMPATRIOTS	澳门同胞 MACAO COMPATRIOTS	台湾同胞 TAIWAN COMPATRIOTS
北 京	BEIJING	245.49	248.65	237.35	255.14	204.77
天 津	TIANJIN	199.10	197.14	203.45	232.83	210.51
河 北	HEBEI	158.20	157.66	156.40	153.73	172.68
山 西	SHANXI	172.25	171.62	175.83	177.09	172.01
内蒙古	INNER MONGOLIA	183.43	183.28	188.54	178.27	182.95
辽 宁	LIAONING	203.64	203.53	206.32	201.09	202.77
吉 林	JILIN	176.34	177.51	173.48	174.87	165.08
黑龙江	HEILONGJIANG	190.69	200.11	190.18	230.76	129.06
上 海	SHANGHAI	245.08	244.24	240.18	235.07	263.15
江 苏	JIANGSU	209.58	205.92	225.27	236.77	209.06
浙 江	ZHEJIANG	209.12	206.87	229.22	208.33	213.95
安 徽	ANHUI	180.97	175.50	179.82	239.96	192.42
福 建	FUJIAN	190.27	194.30	180.54	170.02	189.70
江 西	JIANGXI	159.86	155.08	168.13	165.40	165.87
山 东	SHANDONG	201.19	197.87	214.76	206.54	209.76
河 南	HENAN	154.73	155.43	147.64	154.03	145.40
湖 北	HUBEI	192.84	197.92	186.17	183.22	190.39
湖 南	HUNAN	189.69	189.77	191.47	199.92	181.91
广 东	GUANGDONG	165.54	169.50	156.05	159.08	168.36
广 西	GUANGXI	184.23	182.88	186.33	179.79	191.79
海 南	HAINAN	173.31	176.52	171.27	165.21	146.81
重 庆	CHONGQING	173.25	171.93	178.38	182.76	172.65
四 川	SICHUAN	175.45	173.49	177.99	186.64	181.75
贵 州	GUIZHOU	171.76	164.25	184.05	180.79	203.13
云 南	YUNNAN	182.31	178.25	197.89	202.47	199.19
西 藏	TIBET	176.56	177.32	160.14	175.94	186.97
陕 西	SHAANXI	186.20	188.30	185.26	134.61	164.86
甘 肃	GANSU	153.32	164.91	132.09	102.87	61.01
青 海	QINGHAI	149.46	149.34	134.28	131.03	164.54
宁 夏	NINGXIA	155.13	155.00	145.12	220.72	160.17
新 疆	XINJIANG	170.66	173.05	152.05	150.23	179.04

资料来源：2010年“入境游客在华花费情况抽样调查”

SOURCE：THE 2010 SAMPLING OF EXPENDITURES BY INTERNATIONAL VISITORS IN CHINA

3－7　2010 年入境旅游者

BREAKDOWN OF THE AVERAGE DAILY PER CAPITA

地　区 LOCALITY	人均天花费 （美元/人天） EXPENDITURE （US $/NIGHT）	人均天消费构成(%) 长途交通 LONG-DISTANCE TRANSPORTATION	游　览 SIGHTSEEING	住　宿 ACCOMMO-DATION
北　京 BEIJING	245.49	28.1	4.7	14.4
天　津 TIANJIN	199.10	43.2	3.8	13.3
河　北 HEBEI	158.20	21.1	6.0	14.3
山　西 SHANXI	172.25	28.0	10.6	12.5
内蒙古 INNER MONGOLIA	183.43	23.1	4.2	7.9
辽　宁 LIAONING	203.64	32.0	4.2	11.0
吉　林 JILIN	176.34	26.9	5.2	18.1
黑龙江 HEILONGJIANG	190.69	32.5	3.6	8.4
上　海 SHANGHAI	245.08	33.5	3.5	19.0
江　苏 JIANGSU	209.58	32.2	4.2	15.5
浙　江 ZHEJIANG	209.12	36.7	3.9	15.1
安　徽 ANHUI	180.97	32.9	4.5	10.7
福　建 FUJIAN	190.27	36.7	3.1	11.7
江　西 JIANGXI	159.86	32.7	3.7	10.1
山　东 SHANDONG	201.19	33.5	4.1	11.8
河　南 HENAN	154.73	25.7	5.0	11.0
湖　北 HUBEI	192.84	38.1	4.5	12.3
湖　南 HUNAN	189.69	33.1	4.3	12.5
广　东 GUANGDONG	165.54	39.7	3.6	12.8
广　西 GUANGXI	184.23	32.3	6.7	10.9
海　南 HAINAN	173.31	22.5	4.3	19.7
重　庆 CHONGQING	173.25	41.4	3.3	6.6
四　川 SICHUAN	175.45	35.7	5.4	10.5
贵　州 GUIZHOU	171.76	38.6	4.6	10.8
云　南 YUNNAN	182.31	29.5	5.2	10.4
西　藏 TIBET	176.56	40.1	5.4	11.3
陕　西 SHAANXI	186.20	36.3	6.4	12.3
甘　肃 GANSU	153.32	48.7	6.7	12.1
青　海 QINGHAI	149.46	42.8	4.4	11.5
宁　夏 NINGXIA	155.13	35.4	6.0	15.7
新　疆 XINJIANG	170.66	25.9	4.8	8.1

资料来源：2010 年“入境游客在华花费情况抽样调查”

SOURCE：THE 2010 SAMPLING OF EXPENDITURES BY INTERNATIONAL VISITORS IN CHINA

人均天消费构成

EXPENDITURE BY INTERNATIONAL TOURISTS 2010

BREAKDOWN OF EXPENDITURE(%)					
餐 饮 FOOD & BEVERAGE	购 物 SHOPPING	娱 乐 ENTER-TAINMENT	邮电通讯 COMMU-NICATION	市内交通 LOCAL TRANS-PORTATION	其他服务 OTHERS
8.7	25.1	5.0	3.2	3.4	7.4
7.3	17.5	4.4	2.0	2.2	6.3
9.7	23.2	6.3	5.0	4.4	10.0
8.0	15.0	6.8	4.6	3.1	11.4
5.7	40.0	7.9	1.5	3.6	6.1
9.1	21.8	6.0	2.4	4.0	9.5
10.2	21.9	6.4	1.8	3.4	6.1
4.1	38.3	2.6	2.5	1.1	6.9
7.5	18.2	5.8	2.1	3.0	7.4
10.4	21.3	6.8	2.2	2.1	5.3
9.1	18.7	7.5	2.6	2.2	4.2
9.6	23.3	5.9	2.3	1.9	8.9
8.1	18.1	11.0	2.6	2.2	6.5
8.8	26.8	5.8	1.8	2.0	8.3
6.9	23.5	8.3	1.7	1.8	8.4
9.6	30.3	2.6	3.8	1.2	10.8
9.5	18.9	4.3	2.4	3.1	6.9
9.8	21.4	5.3	1.7	2.2	9.7
7.8	16.4	7.6	1.6	2.1	8.4
7.9	22.8	6.9	2.3	2.5	7.7
10.4	21.2	7.1	2.4	1.2	11.2
6.0	22.2	7.6	2.2	4.1	6.6
8.0	24.4	4.8	2.7	2.1	6.4
7.7	18.6	4.5	2.8	1.7	10.7
7.8	30.1	6.0	3.0	1.3	6.7
6.0	26.8	1.8	3.8	0.4	4.4
9.3	19.1	3.9	2.4	4.1	6.2
8.6	14.6	2.1	2.6	1.0	3.6
7.8	15.7	3.1	3.5	2.3	8.9
7.4	13.4	8.8	2.0	3.1	8.2
5.5	36.3	1.4	3.3	2.5	12.2

3-8 2010年入境旅游者
（按年龄、性别、
THE AVERAGE DAILY PER CAPITA
TOURISTS BY AGE, SEX,

		人均天花费（美元/人天）EXPENDITURE	外国人 FOREIGNERS
总平均	**AVERAGE TOTAL**	**184.01**	**197.93**
14岁及以下	UNDER 14	218.85	227.97
15~24岁	15-24	170.45	184.52
25~44岁	25-44	182.86	196.09
45~64岁	45-64	188.10	201.97
65岁及以上	OVER 65	189.09	205.88
男	MALE	185.07	199.31
女	FEMALE	182.23	195.55
政府工作人员	OFFICIAL	182.67	191.99
专业技术人员	PROFESSIONAL	182.81	195.34
职员	CLERK	194.21	213.96
技工/工人	TECHNICIAN/WORKER	180.10	212.72
商贸人员	BUSINESSMAN	192.21	198.00
服务员/推销员	WAITER/SALESMAN	180.47	212.54
退休人员	RETIRED	184.83	209.97
家庭妇女	HOUSEWIFE	170.72	189.30
军人	ARMYMAN	208.05	196.05
学生	STUDENT	169.12	178.19
其他	OTHERS	174.18	184.38
观光游览	SIGHTSEEING	191.29	207.87
休闲度假	LEISURE/HOLIDAY	175.31	199.52
探亲访友	VISITING RELATIVES & FRIENDS	146.21	173.01
商务	BUSINESS	200.83	210.95
会议	MEETING	205.20	213.39
宗教朝拜	RELIGION/PILGRIMAGE	186.87	181.64
文化体育科技交流	CULTURAL/SPORTS/SCIENTIFIC EXCHANGE PROGRAMME	210.52	213.59
购物	SHOPPING	136.64	137.84
医疗保健	HEALTH & MEDICAL CARE	193.89	234.17
其他	OTHERS	170.30	168.95

资料来源：2010年“入境游客花费情况抽样调查”

SOURCE: THE 2010 SAMPLING OF EXPENDITURES BY INTERNATIONAL VISITORS IN CHINA

人均天消费情况
职业和目的分）
EXPENDITURE BY INTERNATIONAL
OCCUPATION & PURPOSE 2010

单位：美元/人天
UNIT：US $/DAILY PER CAPITA

香港同胞 HONG KONG COMPATRIOTS	澳门同胞 MACAO COMPATRIOTS	台湾同胞 TAIWAN COMPATRIOTS
141.05	**109.99**	**185.20**
154.05	—	216.56
147.70	85.85	171.02
142.42	124.71	185.01
139.07	107.94	189.27
129.19	98.36	181.69
140.35	106.84	187.47
142.23	115.09	182.02
141.94	119.91	197.91
141.99	156.28	171.81
134.17	114.34	181.64
109.37	61.27	159.44
169.59	116.70	208.22
125.42	110.46	173.93
117.59	99.68	185.15
107.98	126.02	171.18
416.91	185.55	308.51
151.53	82.07	176.47
141.33	91.61	187.08
140.93	116.95	183.11
125.28	114.56	179.70
102.27	85.32	174.80
169.33	127.56	188.24
182.48	123.16	213.50
116.18	78.04	268.79
200.66	184.72	203.35
165.65	78.82	161.16
92.60	140.28	140.05
172.25	152.54	190.45

四、国内旅游基本情况

4. STATISTICS OF DOMESTIC TOURISM

4-1 2010年全国国内旅游基本情况

MAJOR STATISTICS OF DOMESTIC TOURISM 2010

	总人次数（亿人次）DOMESTIC VISITORS（100Mn. PERSON-TIMES）	*出游率（%）RATE（%）	总花费（亿元）DOMESTIC TOURISM EXPENDITURE（100Mn. RMB ¥）	人均花费（元）PER CAPITA EXPENDITURE（RMB ¥）
全国总计 TOTAL	**21.03**	**157.4**	**12 579.77**	**598.2**
城镇居民 URBAN RESIDENTS	10.65	246.0	9 403.81	883.0
农村居民 RURAL RESIDENTS	10.38	114.9	3 175.96	306.0
城镇居民 URBAN RESIDENTS	10.65	246.0	9 403.81	883.0
一季度 JAN.—MAR.	2.71	62.6	2 368.61	874.0
二季度 APR.—JUNE	2.36	54.4	1 885.73	799.0
三季度 JULY—SEP.	2.72	62.8	2 843.06	1 045.2
四季度 OCT.—DEC.	2.86	66.1	2 306.41	806.4

注：*出游率指城镇居民或农村居民出游人次数占其总人口数的比重。

NOTE：*RATE IS THE RATIO THAT THE TOTAL AMOUNT OF THE URBAN VISITORS OR THE RURAL VISITORS COMPARES TO THE URBAN RESIDENTS OR THE RURAL RESIDENTS.

4－2　2010年城镇居民国内旅游情况(按城市分)

STATISTICS OF DOMESTIC TOURISM OF URBAN RESIDENTS BY MAJOR CITIES 2010

城　　市 NAME OF CITY		人均花费(元) PER CAPITA EXPENDITURE (RMB ￥)	比上年增减(%) GROWTH (%)	出游率(%) RATE (%)	比上年增减(百分点) GROWTH (%)
总 平 均	**AVERAGE TOTAL**	**883.00**	**10.22**	**246.00**	**33.50**
北　　京	BEIJING	1 099.60	12.20	198.34	2.37
天　　津	TIANJIN	742.16	0.67	278.67	55.39
呼和浩特	HOHHOT	2 012.27	31.64	44.72	8.67
沈　　阳	SHENYANG	688.24	3.48	267.01	12.52
大　　连	DALIAN	430.03	－3.49	460.38	4.52
长　　春	CHANGCHUN	2 237.77	126.24	117.65	70.79
哈 尔 滨	HARBIN	1 071.53	－18.27	193.67	43.66
上　　海	SHANGHAI	686.26	15.02	287.18	－67.66
南　　京	NANJING	1 762.41	3.15	132.34	22.19
无　　锡	WUXI	825.29	－31.55	115.56	38.03
杭　　州	HANGZHOU	1 558.24	20.64	135.13	－2.81
宁　　波	NINGBO	999.57	10.46	415.65	40.79
福　　州	FUZHOU	1 319.97	－3.26	147.85	59.86
厦　　门	XIAMEN	1 368.91	15.48	170.13	43.74
南　　昌	NANCHANG	1 370.82	－5.62	45.93	－2.35
济　　南	JINAN	897.51	66.25	421.09	86.74
郑　　州	ZHENGZHOU	1 158.81	10.34	70.94	48.31
武　　汉	WUHAN	786.29	28.00	381.09	－20.22
长　　沙	CHANGSHA	1 043.03	18.40	327.44	105.98
广　　州	GUANGZHOU	635.68	－18.73	493.78	78.70
深　　圳	SHENZHEN	2 159.90	3.87	229.24	52.38
海　　口	HAIKOU	1 219.05	16.24	129.17	7.04
重　　庆	CHONGQING	743.36	4.23	377.50	26.79
成　　都	CHENGDU	904.51	23.04	177.05	－60.68
昆　　明	KUNMING	948.01	30.66	183.91	34.98
拉　　萨	LHASA	4 641.50	17.21	59.09	35.39
西　　安	XI'AN	404.41	－9.03	426.73	95.42
兰　　州	LANZHOU	417.32	－37.94	312.43	73.81
西　　宁	XINING	621.40	2.55	171.68	59.95
乌鲁木齐	URUMQI	1 345.33	－8.47	65.75	29.43

4-3 2010年城镇居民国内旅游抽样调查出游人次数及构成

（按城市和家庭月平均收入分组）

DOMESTIC TOURISM OF URBAN RESIDENTS BY INCOME 2010

城市 NAME OF CITY		出游人次（%）	家庭月平均收入（%）FAMILY INCOME MONTHLY（%）					
			15000元以上 OVER 15000	10000～14999元 10000-14999	5000～9999元 5000-9999	2500～4999元 2500-4999	1000～2499元 1000-2499	999元以下 LESS THAN 999
总平均	**AVERAGE TOTAL**	**100.0**	**4.8**	**8.5**	**37.6**	**36.5**	**11.8**	**0.8**
北京	BEIJING	100.0	11.7	18.8	47.4	21.1	1.1	0.0
天津	TIANJIN	100.0	1.8	8.1	49.6	34.3	6.0	0.2
呼和浩特	HOHHOT	100.0	3.6	4.5	44.1	38.7	8.1	0.9
沈阳	SHENYANG	100.0	12.0	7.4	41.4	33.1	6.0	0.0
大连	DALIAN	100.0	3.3	8.2	42.9	40.2	5.4	0.0
长春	CHANGCHUN	100.0	3.5	4.8	36.3	41.2	12.5	1.6
哈尔滨	HARBIN	100.0	7.6	2.6	18.3	42.4	29.1	0.0
上海	SHANGHAI	100.0	10.0	15.9	47.5	22.2	4.4	0.2
南京	NANJING	100.0	11.5	18.7	41.0	27.3	1.4	0.0
无锡	WUXI	100.0	1.1	13.2	40.7	38.5	5.5	1.1
杭州	HANGZHOU	100.0	6.9	11.8	46.2	30.2	4.5	0.4
宁波	NINGBO	100.0	10.7	14.4	39.0	27.5	8.4	0.0
福州	FUZHOU	100.0	8.3	14.9	42.3	29.3	5.1	0.0
厦门	XIAMEN	100.0	15.2	23.5	48.7	11.4	1.2	0.0
南昌	NANCHANG	100.0	2.2	3.6	26.8	50.7	16.7	0.0
济南	JINAN	100.0	0.7	3.2	17.1	39.2	37.2	2.5
郑州	ZHENGZHOU	100.0	0.0	3.9	46.8	40.7	8.7	0.0
武汉	WUHAN	100.0	4.6	7.9	36.9	39.8	10.7	0.1
长沙	CHANGSHA	100.0	3.7	5.2	36.5	45.0	9.0	0.6
广州	GUANGZHOU	100.0	1.0	9.6	61.4	27.4	0.7	0.0
深圳	SHENZHEN	100.0	11.0	19.7	34.8	26.3	8.2	0.0
海口	HAIKOU	100.0	4.9	3.9	34.3	35.3	21.6	0.0
重庆	CHONGQING	100.0	6.2	5.2	35.1	45.3	7.9	0.5
成都	CHENGDU	100.0	3.8	8.5	39.4	42.4	5.7	0.2
昆明	KUNMING	100.0	1.8	8.7	36.8	38.0	14.5	0.3
拉萨	LHASA	100.0	3.7	13.4	28.1	37.8	14.6	2.4
西安	XI'AN	100.0	2.1	4.3	29.7	42.8	17.8	3.3
兰州	LANZHOU	100.0	0.0	2.2	16.9	46.4	32.4	2.1
西宁	XINING	100.0	0.0	1.9	21.2	52.4	19.6	4.8
乌鲁木齐	URUMQI	100.0	0.0	0.7	44.3	43.6	11.4	0.0

4－4　2010年城镇居民国内旅游出游人均
PER CAPITA EXPENDITURE ON DOMESTIC TOURISM

城　市 NAME OF CITY		人均花费 PER CAPITA EXPENDITURE	家庭月平均收入	
			15000 元以上 OVER 15000	**10000～14999 元** 10000－14999
合　　计	**TOTAL**	**883.0**	**1 689.9**	**1 275.8**
北　　京	BEIJING	1 099.6	1 709.3	1 448.9
天　　津	TIANJIN	742.2	1 078.0	1 181.8
呼和浩特	HOHHOT	2 012.3	3 742.4	4 371.1
沈　　阳	SHENYANG	688.2	1 491.1	903.5
大　　连	DALIAN	430.0	621.5	560.4
长　　春	CHANGCHUN	2 237.8	8 355.6	4 702.9
哈 尔 滨	HARBIN	1 071.5	986.1	1 246.1
上　　海	SHANGHAI	686.3	883.3	961.1
南　　京	NANJING	1 762.4	3 470.6	1 824.0
无　　锡	WUXI	825.3	48.1	473.0
杭　　州	HANGZHOU	1 558.2	3 840.8	1 293.1
宁　　波	NINGBO	999.6	1 313.2	1 533.1
福　　州	FUZHOU	1 320.0	1 472.6	1 369.6
厦　　门	XIAMEN	1 368.9	2 194.7	1 669.5
南　　昌	NANCHANG	1 370.8	1 587.8	1 741.4
济　　南	JINAN	897.5	416.6	1 187.8
郑　　州	ZHENGZHOU	1 158.8	—	1 693.1
武　　汉	WUHAN	786.3	1 728.8	987.1
长　　沙	CHANGSHA	1 043.0	711.8	1 178.2
广　　州	GUANGZHOU	635.7	1 423.6	1 070.4
深　　圳	SHENZHEN	2 159.9	3 509.4	1 978.4
海　　口	HAIKOU	1 219.1	954.1	627.3
重　　庆	CHONGQING	743.4	1 142.3	1 287.1
成　　都	CHENGDU	904.5	2 060.7	804.6
昆　　明	KUNMING	948.0	1 824.2	1 456.1
拉　　萨	LHASA	4 641.5	21 346.4	5 470.8
西　　安	XI'AN	404.4	228.2	617.4
兰　　州	LANZHOU	417.3	—	3 559.8
西　　宁	XINING	621.4	—	997.7
乌鲁木齐	URUMQI	1 345.3	—	5 023.2

花费情况（按城市和家庭月平均收入分组）

OF URBAN RESIDENTS BY INCOME 2010

单位：元/人　UNIT：RMB ¥/PERSON

FAMILY INCOME MONTHLY			
5000～9999 元 5000－9999	**2500～4999 元** 2500－4999	**1000～2499 元** 1000－2499	**999 元以下** LESS THAN 999
932.8	**680.3**	**597.6**	**406.4**
988.7	708.2	303.8	—
786.2	606.1	427.5	149.5
2 144.6	1 513.9	1 307.9	526.8
662.0	457.0	375.8	—
537.4	299.8	135.9	—
2 178.3	1 682.5	1 650.1	1 307.4
1 330.9	1 165.1	701.6	—
599.8	495.3	960.5	657.2
1 598.4	1 266.8	403.5	—
1 076.3	856.1	269.0	306.3
1 619.3	735.2	1 084.6	122.5
948.8	657.4	662.4	—
1 637.2	785.8	794.1	—
1 104.1	644.4	785.2	—
1 262.8	1 438.0	1 254.2	—
1 463.0	744.4	798.4	678.4
1 127.7	1 206.9	787.9	—
943.1	538.6	471.7	132.3
1 186.4	970.5	845.0	328.5
647.2	423.4	220.7	—
1 912.0	2 320.2	1 094.4	—
1 340.4	1 444.5	881.4	—
894.8	574.7	297.5	159.9
973.4	741.4	892.5	183.8
1 091.0	762.8	584.6	551.3
5 282.7	4 033.8	1 771.7	1 747.9
463.8	318.1	485.8	313.8
576.1	361.6	242.6	120.6
917.1	613.9	316.2	294.9
1 648.9	932.4	1 434.5	—

4-5 2010 年城镇居民国内
DOMESTIC TOURSIM OF URBAN

城　市 NAME OF CITY		出游人次数 (%)	观光旅游(%) SIGHTSEEING (%)	休闲度假(%) HOLIDAYS & LEISURE (%)
合　计	**TOTAL**	**100.0**	**32.9**	**25.0**
北　京	BEIJING	100.0	41.2	25.4
天　津	TIANJIN	100.0	35.2	17.5
呼和浩特	HOHHOT	100.0	49.6	9.0
沈　阳	SHENYANG	100.0	17.2	26.7
大　连	DALIAN	100.0	14.2	29.7
长　春	CHANGCHUN	100.0	23.8	16.7
哈尔滨	HARBIN	100.0	30.2	20.2
上　海	SHANGHAI	100.0	65.7	18.8
南　京	NANJING	100.0	58.3	17.6
无　锡	WUXI	100.0	51.7	17.6
杭　州	HANGZHOU	100.0	43.4	13.9
宁　波	NINGBO	100.0	40.4	17.0
福　州	FUZHOU	100.0	42.8	29.8
厦　门	XIAMEN	100.0	29.6	6.3
南　昌	NANCHANG	100.0	51.5	19.6
济　南	JINAN	100.0	54.5	2.3
郑　州	ZHENGZHOU	100.0	56.7	21.7
武　汉	WUHAN	100.0	19.0	20.3
长　沙	CHANGSHA	100.0	29.6	21.8
广　州	GUANGZHOU	100.0	35.0	35.5
深　圳	SHENZHEN	100.0	26.0	18.6
海　口	HAIKOU	100.0	21.6	8.8
重　庆	CHONGQING	100.0	28.1	32.8
成　都	CHENGDU	100.0	31.1	53.7
昆　明	KUNMING	100.0	31.9	37.4
拉　萨	LHASA	100.0	8.5	32.9
西　安	XI'AN	100.0	23.2	34.1
兰　州	LANZHOU	100.0	12.6	37.9
西　宁	XINING	100.0	25.4	25.7
乌鲁木齐	URUMQI	100.0	38.6	32.9

出游情况（按城市和旅游目的分组）

RESIDENTS BY PURPOSE 2010

商务出差(%) BUSINESS & PROFESSIONAL (%)	探亲访友(%) VISITING RELATIVES & FRIENDS (%)	健康医疗(%) HEALTH & MEDICAL CARE (%)	其　他 (%) OTHERS (%)
3.6	**31.0**	**0.8**	**6.7**
5.3	25.7	0.8	1.6
2.9	38.9	1.4	4.2
6.3	34.2	0.9	0.0
6.6	34.8	1.2	13.5
2.2	42.9	0.6	10.4
22.8	29.9	0.6	6.1
7.2	32.8	1.7	8.0
1.1	12.6	0.1	1.7
4.3	19.1	0.0	0.7
4.4	17.6	2.2	6.6
1.0	39.2	0.0	2.4
6.5	29.0	0.7	6.4
3.4	17.9	0.5	5.6
12.4	46.4	0.7	4.7
2.2	26.1	0.7	0.0
2.4	31.4	0.1	9.4
0.9	20.8	0.0	0.0
5.8	44.1	2.3	8.5
2.7	36.6	1.5	7.9
1.5	25.5	0.7	1.9
3.1	43.9	1.2	7.1
4.9	55.9	0.0	8.8
2.8	28.4	1.0	6.9
0.6	11.7	0.2	2.8
2.9	22.3	0.6	4.8
7.3	43.9	2.4	4.9
3.5	28.5	0.9	9.8
0.0	42.3	0.3	6.8
2.9	27.3	0.6	18.0
2.1	24.3	0.0	2.1

4－6　2010年城镇居民国内旅游出游人均

PER CAPITA EXPENDITURE ON DOMESTIC TOURISM

城　市 NAME OF CITY	人均花费 PER CAPITA EXPENDITURE	旅游目的	
		观光旅游 SIGHTSEEING	休闲度假 HOLIDAYS & LEISURE
合　计 TOTAL	**883.0**	**1 211.2**	**667.9**
北　京 BEIJING	1 099.6	1 078.4	983.5
天　津 TIANJIN	742.2	898.9	692.9
呼和浩特 HOHHOT	2 012.3	2 642.8	1 778.9
沈　阳 SHENYANG	688.2	1 012.7	775.4
大　连 DALIAN	430.0	951.4	355.8
长　春 CHANGCHUN	2 237.8	3 713.6	1 334.3
哈尔滨 HARBIN	1 071.5	866.5	739.4
上　海 SHANGHAI	686.3	536.0	881.6
南　京 NANJING	1 762.4	1 865.0	1 611.4
无　锡 WUXI	825.3	927.4	654.7
杭　州 HANGZHOU	1 558.2	2 178.2	944.7
宁　波 NINGBO	999.6	1 103.2	930.0
福　州 FUZHOU	1 320.0	1 841.9	856.7
厦　门 XIAMEN	1 368.9	1 439.2	1 642.1
南　昌 NANCHANG	1 370.8	1 453.2	869.7
济　南 JINAN	897.5	1 152.8	2 093.7
郑　州 ZHENGZHOU	1 158.8	1 571.3	574.8
武　汉 WUHAN	786.3	1 665.8	897.8
长　沙 CHANGSHA	1 043.0	1 519.0	906.0
广　州 GUANGZHOU	635.7	799.7	514.3
深　圳 SHENZHEN	2 159.9	2 316.3	1 557.9
海　口 HAIKOU	1 219.1	1 834.6	1 284.2
重　庆 CHONGQING	743.4	1 262.1	561.3
成　都 CHENGDU	904.5	1 278.9	751.9
昆　明 KUNMING	948.0	1 693.6	489.9
拉　萨 LHASA	4 641.5	8 888.0	2 777.1
西　安 XI'AN	404.4	628.6	217.3
兰　州 LANZHOU	417.3	1 521.2	159.9
西　宁 XINING	621.4	1 071.0	359.7
乌鲁木齐 URUMQI	1 345.3	2 310.4	479.9

花费情况（按城市和旅游目的分组）
OF URBAN RESIDENTS BY CITY & PURPOSE 2010

单　位：元/人
UNIT：RMB ¥/PERSON

PURPOSE			
商务出差 BUSINESS & PROFESSIONAL	探亲访友 VISITING RELATIVES & FRIENDS	健康医疗 HEALTH & MEDICINAL CARE	其　他 OTHERS
2 272.4	**691.1**	**1 959.2**	**537.4**
4 449.8	845.8	5 192.0	616.9
1 771.9	613.6	582.6	630.2
2 130.1	969.7	3 675.5	—
1 616.2	470.9	577.8	450.1
1 020.4	316.9	844.5	401.3
3 598.0	1 122.6	4 085.1	1 475.1
4 410.7	808.5	5 596.7	863.4
5 095.7	921.1	1 100.2	321.1
5 409.0	1 280.9	—	444.7
3 185.4	461.9	950.7	660.7
5 840.0	1 005.9	—	2 984.2
1 551.8	859.3	1 189.6	855.8
2 929.8	697.6	7 021.4	1 380.7
1 468.6	1 332.4	299.9	703.2
1 576.4	1 518.7	2 466.3	
1 675.8	484.5	220.5	438.3
1 429.4	553.1	—	—
1 484.0	454.0	736.0	256.1
2 925.1	765.1	861.6	773.0
1 905.7	569.6	267.7	280.8
1 583.5	2 177.2	10 505.8	1 687.1
2 602.2	989.9	—	739.5
2 170.4	454.4	932.9	366.9
805.7	758.1	820.9	486.9
1 676.7	774.9	674.3	286.9
7 189.7	4 160.2	32 430.1	6 265.8
959.5	382.3	635.0	405.9
—	356.1	735.1	507.2
1 245.5	745.9	1 580.2	244.4
499.0	1 185.7	—	1 057.7

4－7　2010年农村居民国内旅游基本情况(按地区分)

STATISTICS OF DOMESTIC TOURISM OF RURAL RESIDENTS BY LOCALITY 2010

地　区 LOCALITY		过夜游出游率(%) OVERNIGHT TOURISM RATE (%)	一日游出游率(%) SAME-DAY TOURISM RATE (%)	过夜游人均花费(元/人) OVERNIGHT TOURISM PER CAPITA EXPENDITURE (RMB ¥)	一日游人均花费(元/人) SAME-DAY TOURISM PER CAPITA EXPENDITURE (RMB ¥)
总平均	**AVERAGE TOTAL**	**35.9**	**79.0**	**516.90**	**210.31**
北　京	BEIJING	31.2	130.7	409.58	216.85
天　津	TIANJIN	20.7	77.8	800.46	230.87
河　北	HEBEI	23.9	78.7	403.67	219.66
山　西	SHANXI	18.0	82.9	451.92	237.42
内蒙古	INNER MONGOLIA	57.7	17.8	793.56	769.27
辽　宁	LIAONING	32.8	82.6	404.66	286.02
吉　林	JILIN	25.3	114.8	209.71	162.64
黑龙江	HEILONGJIANG	45.7	99.1	338.69	243.96
上　海	SHANGHAI	17.5	77.8	1 504.43	200.96
江　苏	JIANGSU	30.5	135.8	896.94	325.28
浙　江	ZHEJIANG	33.1	65.5	602.56	250.50
安　徽	ANHUI	48.7	69.6	382.01	216.85
福　建	FUJIAN	44.4	101.2	524.78	208.44
江　西	JIANGXI	25.7	34.5	531.67	307.52
山　东	SHANDONG	34.3	115.6	711.85	226.20
河　南	HENAN	14.0	36.8	458.81	160.77
湖　北	HUBEI	31.9	69.8	499.18	258.91
湖　南	HUNAN	61.8	72.5	381.03	200.96
广　东	GUANGDONG	50.1	51.2	708.89	165.44
广　西	GUANGXI	20.7	32.9	521.82	200.96
海　南	HAINAN	51.5	60.7	283.56	129.92
重　庆	CHONGQING	62.0	141.5	444.04	148.62
四　川	SICHUAN	53.2	112.1	458.81	147.68
贵　州	GUIZHOU	40.3	82.4	550.38	179.46
云　南	YUNNAN	34.3	87.3	743.35	222.46
陕　西	SHAANXI	0.0	53.2	325.89	138.34
甘　肃	GANSU	16.5	147.7	317.03	129.92
青　海	QINGHAI	36.5	103.9	510.99	158.90
宁　夏	NINGXIA	23.1	63.4	312.11	266.39
新　疆	XINJIANG	45.9	37.1	274.70	166.38

五、地方接待入境旅游者情况

5. DISTRIBUTION OF INTERNATIONAL TOURISTS TO LOCALITY

5-1 2009~2010 年各地区接待
INTERNATIONAL TOURISTS

地　区 LOCALITY	2010 年总计 TOTAL 2010		
	人　数 (人次) ARRIVALS	人天数 (人　天) NIGHTS	平均停留 (天) AVERAGE STAY
总　计　TOTAL	**96 589 776**	**264 123 063**	**2.73**
北　京　BEIJING	4 900 661	20 505 230	4.18
天　津　TIANJIN	1 660 682	6 805 128	4.10
河　北　HEBEI	977 447	2 255 978	2.31
山　西　SHANXI	1 302 856	2 445 608	1.88
内蒙古　INNER MONGOLIA	1 428 015	3 356 685	2.35
辽　宁　LIAONING	3 617 999	11 095 429	3.07
吉　林　JILIN	820 062	1 725 133	2.10
黑龙江　HEILONGJIANG	1 724 238	3 769 758	2.19
上　海　SHANGHAI	7 337 216	25 778 245	3.51
江　苏　JIANGSU	6 535 498	27 433 741	4.20
浙　江　ZHEJIANG	6 847 102	18 607 120	2.72
安　徽　ANHUI	1 984 174	3 898 060	1.96
福　建　FUJIAN	3 681 353	15 923 332	4.33
江　西　JIANGXI	1 139 683	2 220 246	1.95
山　东　SHANDONG	3 667 909	10 880 194	2.97
河　南　HENAN	1 468 355	2 902 936	1.98
湖　北　HUBEI	1 817 416	3 750 746	2.06
湖　南　HUNAN	1 898 698	4 731 994	2.49
广　东　GUANGDONG	31 409 300	69 347 700	2.21
广　西　GUANGXI	2 502 363	4 350 987	1.74
海　南　HAINAN	663 284	1 810 741	2.73
重　庆　CHONGQING	1 370 231	4 182 290	3.05
四　川　SICHUAN	1 049 300	1 981 900	1.89
贵　州　GUIZHOU	500 052	713 897	1.43
云　南　YUNNAN	3 291 532	6 151 998	1.87
西　藏　TIBET	228 321	584 503	2.56
陕　西　SHAANXI	2 121 721	5 567 957	2.62
甘　肃　GANSU	70 167	101 498	1.45
青　海　QINGHAI	46 740	135 816	2.91
宁　夏　NINGXIA	17 990	38 608	2.15
新　疆　XINJIANG	509 411	1 069 605	2.10

入境旅游者情况

BY LOCALITY 2009—2010

2009 年总计 TOTAL 2009			2010 年比 2009 年增减 INCREASE		
人 数 (人次) ARRIVALS	人天数 (人天) NIGHTS	平均停留 (天) AVERAGE STAY	人 数 (%) ARRIVALS (%)	人天数 (%) NIGHTS (%)	平均停留 (天) AVERAGE STAY
80 391 944	**215 660 929**	**2.68**	**20.15**	**22.47**	**0.05**
4 125 145	17 302 164	4.19	18.80	18.51	-0.01
1 410 244	5 711 578	4.05	17.76	19.15	0.05
842 185	1 908 451	2.27	16.06	18.21	0.04
1 067 835	2 009 409	1.88	22.01	21.71	0.00
1 289 633	3 062 105	2.37	10.73	9.62	-0.02
2 931 954	9 167 719	3.13	23.40	21.03	-0.06
680 528	1 375 127	2.02	20.50	25.45	0.08
1 425 122	3 116 089	2.19	20.99	20.98	0.00
5 333 935	19 082 319	3.58	37.56	35.09	-0.06
5 568 257	23 411 512	4.20	17.37	17.18	-0.01
5 706 385	15 513 257	2.72	19.99	19.94	0.00
1 561 600	3 054 757	1.96	27.06	27.61	0.01
3 120 348	13 671 732	4.38	17.98	16.47	-0.06
964 299	1 951 328	2.02	18.19	13.78	-0.08
3 100 379	8 979 878	2.90	18.31	21.16	0.07
1 258 515	2 547 520	2.02	16.67	13.95	-0.05
1 334 634	2 640 362	1.98	36.17	42.05	0.09
1 308 672	3 593 780	2.75	45.09	31.67	-0.25
27 478 009	56 219 301	2.05	14.31	23.35	0.16
2 098 516	3 507 633	1.67	19.24	24.04	0.07
551 483	1 573 471	2.85	20.27	15.08	-0.12
1 048 125	2 973 965	2.84	30.73	40.63	0.21
849 851	1 573 739	1.85	23.47	25.94	0.04
399 484	653 029	1.63	25.17	9.32	-0.21
2 844 902	5 457 749	1.92	15.70	12.72	-0.05
174 910	448 160	2.56	30.54	30.42	0.00
1 450 751	4 158 402	2.87	46.25	33.90	-0.24
60 711	82 280	1.36	15.58	23.36	0.09
36 114	100 274	2.78	29.42	35.44	0.13
14 523	28 453	1.96	23.87	35.69	0.19
354 895	785 386	2.21	43.54	36.19	-0.11

5-2 2010年各地区接待

BREAKDOWN OF INTERNATIONAL

地区 LOCALITY	外国人 FOREIGNERS			香港 HONG
	人数（人次） ARRIVALS	人天数（人天） NIGHTS	平均停留（天） AVERAGE STAY	人数（人次） ARRIVALS
总计 TOTAL	**54 111 187**	**162 670 859**	**3.01**	**26 202 332**
北京 BEIJING	4 216 250	18 132 621	4.30	403 296
天津 TIANJIN	1 530 461	5 674 002	3.71	48 471
河北 HEBEI	853 110	1 998 103	2.34	45 101
山西 SHANXI	820 935	1 517 886	1.85	197 161
内蒙古 INNER MONGOLIA	1 400 197	3 253 250	2.32	13 549
辽宁 LIAONING	3 070 097	9 577 666	3.12	243 253
吉林 JILIN	721 590	1 526 176	2.12	59 889
黑龙江 HEILONGJIANG	1 648 303	3 634 507	2.20	32 604
上海 SHANGHAI	5 931 211	20 751 747	3.50	623 969
江苏 JIANGSU	4 734 996	19 668 542	4.15	569 562
浙江 ZHEJIANG	4 474 054	12 671 570	2.83	855 220
安徽 ANHUI	1 173 988	2 431 141	2.07	291 985
福建 FUJIAN	1 152 748	6 760 785	5.86	879 506
江西 JIANGXI	399 232	768 572	1.93	374 391
山东 SHANDONG	2 778 699	8 440 610	3.04	381 234
河南 HENAN	960 914	1 868 381	1.94	179 091
湖北 HUBEI	1 385 457	2 868 024	2.07	201 255
湖南 HUNAN	1 032 951	3 291 532	3.19	356 180
广东 GUANGDONG	7 332 800	18 811 500	2.57	18 825 000
广西 GUANGXI	1 413 870	2 574 799	1.82	420 947
海南 HAINAN	474 015	1 486 752	3.14	113 135
重庆 CHONGQING	1 039 598	3 286 035	3.16	175 091
四川 SICHUAN	749 700	1 440 100	1.92	131 500
贵州 GUIZHOU	186 054	293 151	1.58	97 230
云南 YUNNAN	2 312 314	4 213 658	1.82	433 886
西藏 TIBET	214 136	550 705	2.57	4 708
陕西 SHAANXI	1 552 356	4 000 099	2.58	214 781
甘肃 GANSU	49 921	75 909	1.52	7 220
青海 QINGHAI	33 925	100 793	2.97	3 901
宁夏 NINGXIA	12 861	26 334	2.05	2 105
新疆 XINJIANG	454 444	975 909	2.15	17 111

入境旅游者构成

TOURISTS BY LOCALITY 2010

同胞 KONG COMPATRIOTS		澳门同胞 MACAO COMPATRIOTS			台湾同胞 TAIWAN COMPATRIOTS		
人天数 （人天） NIGHTS	平均停留 （天） AVERAGE STAY	人　数 （人次） ARRIVALS	人天数 （人天） NIGHTS	平均停留 （天） AVERAGE STAY	人　数 （人次） ARRIVALS	人天数 （人天） NIGHTS	平均停留 （天） AVERAGE STAY
59 444 468	**2.27**	**3 739 635**	**8 463 597**	**2.26**	**12 536 622**	**33 544 139**	**2.68**
1 465 714	3.63	13 254	46 418	3.50	267 861	860 477	3.21
557 857	11.51	8 108	35 559	4.39	73 642	537 710	7.30
95 281	2.11	17 921	37 307	2.08	61 315	125 287	2.04
437 261	2.22	106 280	178 380	1.68	178 480	312 081	1.75
48 737	3.60	4 274	15 436	3.61	9 995	39 262	3.93
705 046	2.90	65 425	162 526	2.48	239 224	650 191	2.72
127 634	2.13	6 014	9 141	1.52	32 569	62 182	1.91
59 607	1.83	7 326	14 162	1.93	36 005	61 482	1.71
2 014 754	3.23	40 043	140 003	3.50	741 993	2 871 741	3.87
2 530 030	4.44	71 677	224 431	3.13	1 159 263	5 010 738	4.32
1 980 244	2.32	230 142	468 554	2.04	1 287 686	3 486 752	2.71
530 380	1.82	71 726	141 583	1.97	446 475	794 956	1.78
4 251 256	4.83	79 912	321 271	4.02	1 569 187	4 590 020	2.93
731 934	1.95	159 539	321 409	2.01	206 521	398 331	1.93
1 037 998	2.72	108 061	300 389	2.78	399 915	1 101 197	2.75
348 282	1.94	80 690	154 145	1.91	247 660	532 128	2.15
415 823	2.07	40 175	65 661	1.63	190 529	401 238	2.11
582 789	1.64	137 462	224 577	1.63	372 105	633 096	1.70
38 175 600	2.03	2 083 100	4 722 700	2.27	3 168 400	7 637 900	2.41
680 572	1.62	84 964	138 749	1.63	582 582	956 867	1.64
202 963	1.79	7 856	12 928	1.65	68 278	108 098	1.58
484 339	2.77	4 565	12 862	2.82	150 977	399 054	2.64
254 300	1.93	19 600	29 600	1.51	148 500	257 900	1.74
145 960	1.50	39 210	56 057	1.43	177 558	218 729	1.23
879 715	2.03	127 863	325 301	2.54	417 469	733 324	1.76
11 164	2.37	3 454	7 936	2.30	6 023	14 698	2.44
631 679	2.94	114 170	284 937	2.50	240 414	651 242	2.71
9 775	1.35	741	955	1.29	12 285	14 859	1.21
11 401	2.92	272	640	2.35	8 642	22 982	2.66
5 644	2.68	416	564	1.36	2 608	6 066	2.33
30 729	1.80	5 395	9 416	1.75	32 461	53 551	1.65

5-3 2010年各地区接待

FOREIGN TOURISTS BY

地区 LOCALITY			合计 TOTAL	日本 JAPAN	韩国 KOREA	马来西亚 MALA-YSIA	菲律宾 PHILIP-PINES	新加坡 SINGA-PORE
总	**计**	**TOTAL**	**54 111 187**	**9 001 622**	**7 784 936**	**2 312 495**	**614 634**	**2 007 826**
北	京	BEIJING	4 216 250	525 595	505 983	125 435	28 026	130 914
天	津	TIANJIN	1 530 461	569 028	279 991	77 220	37 817	103 327
河	北	HEBEI	853 110	100 415	97 439	43 712	12 489	38 493
山	西	SHANXI	820 935	165 546	30 370	24 336	8 391	12 609
内蒙	古	INNER MONGOLIA	1 400 197	44 617	18 656	907	389	3 535
辽	宁	LIAONING	3 070 097	1 018 917	1 054 294	27 434	21 327	51 797
吉	林	JILIN	721 590	73 564	314 931	7 598	932	8 414
黑龙	江	HEILONGJIANG	1 648 303	59 237	146 172	3 643	1 384	9 027
上	海	SHANGHAI	5 931 211	1 309 606	609 495	217 990	172 394	202 364
江	苏	JIANGSU	4 734 996	1 129 775	553 331	235 926	38 971	218 380
浙	江	ZHEJIANG	4 474 054	708 286	714 301	238 386	51 418	160 493
安	徽	ANHUI	1 173 988	135 277	405 538	39 172	10 905	43 507
福	建	FUJIAN	1 152 748	169 913	65 345	94 516	36 655	95 030
江	西	JIANGXI	399 232	34 956	36 240	12 113	8 320	20 249
山	东	SHANDONG	2 778 699	566 511	1 292 880	40 230	42 487	70 126
河	南	HENAN	960 914	117 158	200 239	51 433	14 316	24 475
湖	北	HUBEI	1 385 457	209 320	49 644	59 038	14 920	51 233
湖	南	HUNAN	1 032 951	95 316	335 309	52 904	15 177	43 174
广	东	GUANGDONG	7 332 800	1 077 329	418 115	421 556	47 184	284 832
广	西	GUANGXI	1 413 870	84 576	94 461	190 128	6 778	53 995
海	南	HAINAN	474 015	24 786	31 737	27 544	3 025	47 555
重	庆	CHONGQING	1 039 598	142 581	40 981	46 920	3 227	70 639
四	川	SICHUAN	749 700	202 256	58 317	31 778	3 043	36 218
贵	州	GUIZHOU	186 054	31 715	11 095	10 874	2 621	12 621
云	南	YUNNAN	2 312 314	151 679	230 226	182 710	12 389	155 011
西	藏	TIBET	214 136	14 066	7 124	8 464	751	8 411
陕	西	SHAANXI	1 552 356	183 516	161 262	31 183	17 592	39 486
甘	肃	GANSU	49 921	14 273	4 622	3 490	176	2 300
青	海	QINGHAI	33 925	6 720	2 467	1 341	125	2 774
宁	夏	NINGXIA	12 861	2 459	758	564	59	568
新	疆	XINJIANG	454 444	32 629	13 613	3 950	1 346	6 269

外国旅游者人数(按国籍分)

LOCALITY & NATIONALITY 2010

单　位：人次
UNIT：ARRIVALS

泰　国 THAI-LAND	美　国 U. S. A.	加拿大 CANADA	英　国 UNITED KINGDOM	法　国 FRANCE	德　国 GERMANY	俄罗斯 RUSSIA	澳大利亚 AUS-TRALIA
1 146 422	**5 189 036**	**1 384 906**	**1 658 850**	**1 619 591**	**2 008 474**	**3 542 053**	**1 249 070**
76 343	699 990	150 890	167 513	142 522	200 788	189 690	124 414
24 078	101 355	29 680	35 210	29 796	24 262	10 371	11 724
16 395	55 980	28 758	52 606	46 000	42 882	84 704	20 442
6 949	80 858	28 217	30 963	79 683	76 935	13 109	26 126
1 382	11 925	2 176	4 546	2 465	8 386	499 780	2 693
10 725	118 961	27 374	55 666	22 617	37 634	216 104	21 471
2 894	6 586	1 522	1 396	5 358	17 692	259 765	2 589
5 932	22 900	4 958	4 538	20 461	5 729	1 317 308	5 525
112 398	692 980	179 723	171 018	212 327	252 349	71 300	182 782
85 253	548 192	171 362	182 089	122 234	244 057	45 431	158 935
104 606	338 155	102 507	107 092	120 369	136 780	93 631	93 118
20 144	101 700	24 333	49 069	63 837	52 934	23 990	20 251
12 968	373 081	43 576	24 050	15 153	27 640	8 027	20 125
4 271	52 339	10 886	21 613	15 299	21 689	16 502	11 688
13 387	133 305	39 869	62 730	40 839	63 694	63 036	40 738
30 706	59 016	26 046	24 737	59 895	58 948	44 924	18 774
13 169	206 897	86 568	127 682	94 920	175 929	9 423	72 938
29 418	106 282	36 179	49 041	36 287	47 063	11 306	30 716
134 313	645 783	133 138	138 353	119 850	118 332	58 568	149 780
30 552	101 540	38 181	53 996	85 921	51 535	2 950	45 321
5 051	22 375	7 930	6 397	8 138	17 127	148 411	7 327
43 307	192 408	47 158	34 476	17 139	102 841	2 399	28 213
21 261	89 124	22 007	52 413	27 950	24 165	4 968	23 090
6 602	24 602	7 541	12 687	10 337	6 605	2 102	6 743
306 714	118 767	37 387	68 268	110 874	76 361	13 163	50 801
2 606	30 230	11 522	10 173	9 788	17 649	8 317	5 575
19 647	211 869	72 192	88 275	83 549	80 517	26 015	55 577
265	6 025	1 242	1 387	2 893	2 413	355	2 258
319	4 529	1 140	2 169	1 758	3 687	203	1 017
154	1 679	450	408	514	1 311	125	444
4 613	29 603	10 394	18 289	10 818	10 540	296 076	7 875

5－4　2009～2010 年主要城市接待

INTERNATIONAL TOURISTS TO

城市名称 NAME OF CITY		2010 年 总 计 TOTAL 2010	
	人 数 (人次) ARRIVALS	人天数 (人 天) NIGHTS	平均停留 (天) AVERAGE STAY
北　　京 BEIJING	4 900 661	20 505 229	4.18
天　　津 TIANJIN	1 660 682	6 805 128	4.10
石 家 庄 SHIJIAZHUANG	117 328	234 961	2.00
秦 皇 岛 QINHUANGDAO	242 337	798 654	3.30
承　　德 CHENGDE	257 913	517 934	2.01
太　　原 TAIYUAN	283 194	769 378	2.72
大　　同 DATONG	202 316	408 390	2.02
呼和浩特 HOHHOT	94 041	358 588	3.81
沈　　阳 SHENYANG	550 313	2 015 123	3.66
大　　连 DALIAN	1 166 020	3 882 921	3.33
长　　春 CHANGCHUN	249 824	806 995	3.23
吉　　林 JILIN	63 594	110 042	1.73
延　　边 YANBIAN	375 815	593 743	1.58
哈 尔 滨 HARBIN	263 609	504 040	1.91
上　　海 SHANGHAI	7 337 216	25 778 245	3.51
南　　京 NANJING	1 308 791	5 859 903	4.48
无　　锡 WUXI	791 592	2 708 277	3.42
苏　　州 SUZHOU	2 075 299	6 680 136	3.22
南　　通 NANTONG	355 133	1 950 406	5.49
连 云 港 LIANYUNGANG	116 663	735 634	6.31
杭　　州 HANGZHOU	2 757 147	8 099 781	2.94
宁　　波 NINGBO	951 680	2 781 981	2.92
温　　州 WENZHOU	391 587	970 869	2.48
合　　肥 HEFEI	242 890	728 024	3.00
黄　　山 HUANGSHAN	1 050 301	1 673 961	1.59
福　　州 FUZHOU	698 607	4 400 534	6.30
厦　　门 XIAMEN	1 551 865	5 651 076	3.64
泉　　州 QUANZHOU	770 457	3 738 781	4.85
漳　　州 ZHANGZHOU	247 469	838 547	3.39

入境旅游者情况

MAJOR CITIES 2009—2010

2009 年 总 计 TOTAL 2009			2010 年比 2009 年增减 INCREASE		
人 数 (人次) ARRIVALS	人天数 (人天) NIGHTS	平均停留 (天) AVERAGE STAY	人 数 (%) ARRIVALS	人天数 (%) NIGHTS	平均停留 (天) AVERAGE STAY
4 125 145	17 302 164	4.19	18.80	18.51	-0.01
1 410 244	5 711 578	4.05	17.76	19.15	0.05
107 303	216 337	2.02	9.34	8.61	-0.01
224 206	728 981	3.25	8.09	9.56	0.04
205 658	367 642	1.79	25.41	40.88	0.22
225 446	629 845	2.79	25.62	22.15	-0.08
175 907	332 073	1.89	15.01	22.98	0.13
85 496	319 611	3.74	9.99	12.20	0.07
495 325	1 864 565	3.76	11.10	8.07	-0.10
1 050 043	3 565 355	3.40	11.04	8.91	-0.07
217 111	670 534	3.09	15.07	20.35	0.14
53 743	82 542	1.54	18.33	33.32	0.19
306 693	459 189	1.50	22.54	29.30	0.08
240 270	519 959	2.16	9.71	-3.06	-0.25
5 333 935	19 082 319	3.58	37.56	35.09	-0.06
1 134 515	5 166 457	4.55	15.36	13.42	-0.08
629 500	1 993 532	3.17	25.75	35.85	0.25
1 695 126	5 412 126	3.19	22.43	23.43	0.03
299 866	1 715 017	5.72	18.43	13.73	-0.23
100 076	655 618	6.55	16.57	12.20	-0.25
2 304 045	6 617 700	2.87	19.67	22.40	0.07
800 548	2 402 664	3.00	18.88	15.79	-0.08
329 734	802 677	2.43	18.76	20.95	0.05
200 346	628 899	3.14	21.24	15.76	-0.14
877 094	1 337 633	1.53	19.75	25.14	0.07
629 314	4 046 793	6.43	11.01	8.74	-0.13
944 891	4 634 748	4.91	64.24	21.93	-1.26
603 587	3 228 501	5.35	27.65	15.81	-0.50
219 382	698 297	3.18	12.80	20.08	0.21

5 - 4(续 1)

城市名称 NAME OF CITY		2010 年 总 计 TOTAL 2010		
		人 数 (人次) ARRIVALS	人天数 (人 天) NIGHTS	平均停留 (天) AVERAGE STAY
南　　昌	NANCHANG	120 524	217 805	1.81
九　　江	JIUJIANG	250 467	538 602	2.15
济　　南	JINAN	230 985	534 367	2.31
青　　岛	QINGDAO	1 080 511	3 032 745	2.81
烟　　台	YANTAI	472 023	1 932 084	4.09
威　　海	WEIHAI	372 646	920 389	2.47
郑　　州	ZHENGZHOU	349 049	871 715	2.50
洛　　阳	LUOYANG	457 908	854 889	1.87
武　　汉	WUHAN	927 903	2 532 808	2.73
长　　沙	CHANGSHA	702 171	2 272 870	3.24
广　　州	GUANGZHOU	8 147 900	18 580 000	2.28
深　　圳	SHENZHEN	10 206 000	21 076 800	2.07
珠　　海	ZHUHAI	3 251 400	8 107 500	2.49
汕　　头	SHANTOU	133 800	289 700	2.17
湛　　江	ZHANJIANG	103 200	264 200	2.56
中　　山	ZHONGSHAN	480 600	1 883 400	3.92
南　　宁	NANNING	167 527	301 327	1.80
桂　　林	GUILIN	1 486 202	2 720 246	1.83
北　　海	BEIHAI	73 008	112 982	1.55
海　　口	HAIKOU	132 877	225 828	1.70
三　　亚	SANYA	415 939	1 355 351	3.26
重　　庆	CHONGQING	1 370 231	4 182 290	3.05
成　　都	CHENGDU	731 993	1 492 875	2.04
贵　　阳	GUIYANG	61 002	146 136	2.40
昆　　明	KUNMING	860 632	1 303 599	1.51
拉　　萨	LHASA	164 403	420 863	2.56
西　　安	XI'AN	841 819	2 416 652	2.87
兰　　州	LANZHOU	20 118	28 346	1.41
西　　宁	XINING	31 858	93 726	2.94
银　　川	YINCHUAN	14 460	32 671	2.26
乌鲁木齐	URUMQI	303 460	648 148	2.14

2009 年 总 计 TOTAL 2009			2010 年比 2009 年增减 INCREASE		
人 数 (人次) ARRIVALS	人天数 (人天) NIGHTS	平均停留 (天) AVERAGE STAY	人 数 (%) ARRIVALS (%)	人天数 (%) NIGHTS (%)	平均停留 (天) AVERAGE STAY
104 047	195 478	1.88	15.84	11.42	-0.07
220 010	558 473	2.54	13.84	-3.56	-0.39
186 968	424 540	2.27	23.54	25.87	0.04
1 000 670	2 797 160	2.80	7.98	8.42	0.01
400 901	1 607 495	4.01	17.74	20.19	0.08
322 676	784 519	2.43	15.49	17.32	0.04
321 022	848 506	2.64	8.73	2.74	-0.15
373 200	778 347	2.09	22.70	9.83	-0.22
668 982	1 682 012	2.51	38.70	50.58	0.22
500 929	2 001 948	4.00	40.17	13.53	-0.76
6 894 044	15 478 361	2.25	18.19	20.04	0.04
8 963 697	18 000 331	2.01	13.86	17.09	0.06
2 978 429	6 205 077	2.08	9.16	30.66	0.41
123 161	294 010	2.39	8.64	-1.47	-0.22
50 665	126 617	2.50	103.69	108.66	0.06
475 769	1 205 701	2.53	1.02	56.21	1.38
122 664	201 777	1.64	36.57	49.34	0.15
1 290 334	2 287 035	1.77	15.18	18.94	0.06
61 437	93 569	1.52	18.83	20.75	0.02
103 206	187 709	1.82	28.75	20.31	-0.12
317 833	1 099 068	3.46	30.87	23.32	-0.20
1 048 125	2 973 965	2.84	30.73	40.63	0.21
588 683	1 169 589	1.99	24.34	27.64	0.05
91 115	241 546	2.65	-33.05	-39.50	-0.26
778 274	1 181 331	1.52	10.58	10.35	0.00
123 061	324 670	2.64	33.59	29.63	-0.08
700 629	1 951 437	2.79	20.15	23.84	0.09
12 636	19 700	1.56	59.21	43.89	-0.15
28 732	61 684	2.15	10.88	51.95	0.80
10 534	21 908	2.08	37.27	49.13	0.18
118186	262 573	2.22	156.76	146.84	-0.09

5－5 2010年主要城市接待
BREAKDOWN OF INTERNATIONAL

城市名称 NAME OF CITY	外国人 FOREIGNERS			香港 HONG
	人数(人次) ARRIVALS	人天数(人天) NIGHTS	平均停留(天) AVERAGE STAY	人数(人次) ARRIVALS
北　　京 BEIJING	4 216 250	18 132 621	4.28	403 296
天　　津 TIANJIN	1 530 461	5 674 002	3.47	48 471
石 家 庄 SHIJIAZHUANG	99 800	199 772	2.00	9 364
秦 皇 岛 QINHUANGDAO	228 976	768 351	3.36	5 825
承　　德 CHENGDE	221 920	445 590	2.01	8 447
太　　原 TAIYUAN	197 616	474 277	2.40	49 466
大　　同 DATONG	162 797	327 879	2.01	16 881
呼和浩特 HOHHOT	81 454	309 525	3.80	6 426
沈　　阳 SHENYANG	460 885	1 709 952	3.71	36 325
大　　连 DALIAN	1 047 343	3 494 095	3.34	54 232
长　　春 CHANGCHUN	219 780	722 157	3.29	19 722
吉　　林 JILIN	38 250	57 109	1.49	11 595
延　　边 YANBIAN	357 111	557 671	1.56	6 572
哈 尔 滨 HARBIN	211 759	416 609	1.97	23 383
上　　海 SHANGHAI	5 931 211	20 751 747	3.50	623 969
南　　京 NANJING	867 964	3 928 442	4.53	171 026
无　　锡 WUXI	556 564	2 009 093	3.61	84 485
苏　　州 SUZHOU	1 472 251	4 530 341	3.08	135 597
南　　通 NANTONG	315 992	1 711 811	5.42	14 894
连 云 港 LIANYUNGANG	93 119	572 617	6.15	7 008
杭　　州 HANGZHOU	1 878 528	5 297 569	2.82	332 626
宁　　波 NINGBO	538 932	1 743 007	3.23	158 299
温　　州 WENZHOU	309 245	794 485	2.57	32 477
合　　肥 HEFEI	189 435	578 554	3.05	24 467
黄　　山 HUANGSHAN	598 628	919 432	1.54	150 545
福　　州 FUZHOU	389 198	3 211 353	8.25	89 803
厦　　门 XIAMEN	511 096	2 468 227	4.83	155 878
泉　　州 QUANZHOU	90 171	534 579	5.93	470 663
漳　　州 ZHANGZHOU	55 864	224 470	4.02	81 713

入境旅游者构成

TOURISTS TO MAJOR CITIES 2010

同胞 KONG COMPATRIOTS		澳门同胞 MACAO COMPATRIOTS			台湾同胞 TAIWAN COMPATRIOTS		
人天数 (人天) NIGHTS	平均停留 (天) AVERAGE STAY	人数 (人次) ARRIVALS	人天数 (人天) NIGHTS	平均停留 (天) AVERAGE STAY	人数 (人次) ARRIVALS	人天数 (人天) NIGHTS	平均停留 (天) AVERAGE STAY
1 465 714	3.59	13 254	46 418	3.40	267 861	860 476	3.21
557 857	8.15	8 108	35 559	5.73	73 642	537 710	6.95
18 764	2.00	977	1 980	2.03	7 187	14 445	2.01
13 385	2.30	576	1 345	2.34	6 960	15 573	2.24
16 981	2.01	2 039	4 104	2.01	25 507	51 259	2.01
187 972	3.80	6 028	16 877	2.80	30 084	90 252	3.00
35 106	2.08	4 608	9 493	2.06	18 030	35 912	1.99
24 419	3.80	690	2 760	4.00	5 471	21 884	4.00
162 721	4.48	2 781	6 380	2.29	50 322	136 070	2.70
178 282	3.29	1 579	5 572	3.53	62 866	204 972	3.26
55 180	2.80	753	1 941	2.58	9 569	27 717	2.90
27 010	2.33	2 351	3 127	1.33	11 398	22 796	2.00
12 938	1.97	3 504	6 817	1.95	8 628	16 317	1.89
41 572	1.78	1 613	2 122	1.32	26 854	43 737	1.63
2 014 754	3.23	40 043	140 003	3.50	741 993	2 871 741	3.87
689 478	4.03	10 989	30 284	2.76	258 812	1 211 699	4.68
243 368	2.88	4 482	10 623	2.37	146 061	445 193	3.05
602 519	4.44	8 987	20 571	2.29	458 464	1 526 705	3.33
88 634	5.95	1 647	7 757	4.71	22 600	142 204	6.29
55 902	7.98	3 029	7 328	2.42	13 507	99 787	7.39
888 155	2.67	22 095	49 434	2.24	523 898	1 864 623	3.56
404 202	2.55	52 427	142 863	2.72	202 022	491 909	2.43
71 535	2.20	11 402	16 521	1.45	38 463	88 328	2.30
66 878	2.73	1 411	4 026	2.85	27 577	78 566	2.85
246 648	1.64	11 608	19 473	1.68	289 520	488 408	1.69
639 364	7.12	4 759	24 579	5.16	214 847	525 238	2.44
651 473	4.18	5 574	24 589	4.41	879 317	2 506 787	2.85
2 399 116	5.10	38 605	172 069	4.46	171 018	633 017	3.70
294 288	3.60	8 008	22 662	2.83	101 884	297 127	2.92

5 -5(续1)

城市名称 NAME OF CITY		外国人 FOREIGNERS			香港 HONG
		人数 (人次) ARRIVALS	人天数 (人天) NIGHTS	平均停留 (天) AVERAGE STAY	人数 (人次) ARRIVALS
南昌	NANCHANG	86 552	155 864	1.80	17 142
九江	JIUJIANG	141 770	300 418	2.12	48 484
济南	JINAN	153 327	357 446	2.33	45 600
青岛	QINGDAO	826 628	2 375 719	2.87	113 374
烟台	YANTAI	390 028	1 696 008	4.35	22 400
威海	WEIHAI	355 989	875 630	2.46	2 655
郑州	ZHENGZHOU	198 617	538 244	2.71	62 252
洛阳	LUOYANG	372 276	667 954	1.79	22 052
武汉	WUHAN	701 658	1 971 315	2.81	122 268
长沙	CHANGSHA	480 637	1 744 299	3.63	72 407
广州	GUANGZHOU	2 944 400	7 787 900	2.64	4 183 400
深圳	SHENZHEN	1 675 800	3 634 600	2.17	8 017 300
珠海	ZHUHAI	567 300	1 691 700	2.98	1 074 800
汕头	SHANTOU	82 000	188 600	2.30	42 300
湛江	ZHANJIANG	35 000	94 800	2.71	54 000
中山	ZHONGSHAN	134 800	681 100	5.05	243 500
南宁	NANNING	123 267	219 816	1.78	10 108
桂林	GUILIN	897 491	1 738 748	1.94	176 675
北海	BEIHAI	37 249	58 578	1.57	21 904
海口	HAIKOU	74 461	134 847	1.81	23 189
三亚	SANYA	324 486	1 173 548	3.62	69 122
重庆	CHONGQING	1 039 598	3 286 035	3.16	175 091
成都	CHENGDU	542 200	1 117 314	2.06	94 257
贵阳	GUIYANG	26 045	62 997	2.42	14 079
昆明	KUNMING	666 361	1 010 174	1.52	60 576
拉萨	LHASA	154 178	396 500	2.57	3 390
西安	XI'AN	732 065	2 114 712	2.89	52 131
兰州	LANZHOU	13 650	21 089	1.54	2 521
西宁	XINING	21 762	66 136	3.04	2 877
银川	YINCHUAN	10 705	22 054	2.06	1 649
乌鲁木齐	URUMQI	264 000	580 500	2.20	13 000

同胞 KONG COMPATRIOTS		澳门同胞 MACAO COMPATRIOTS			台湾同胞 TAIWAN COMPATRIOTS		
人天数（人天） NIGHTS	平均停留（天） AVERAGE STAY	人数（人次） ARRIVALS	人天数（人天） NIGHTS	平均停留（天） AVERAGE STAY	人数（人次） ARRIVALS	人天数（人天） NIGHTS	平均停留（天） AVERAGE STAY
31 266	1.82	1 856	3 412	1.84	14 974	27 263	1.82
106 238	2.19	13 489	29 617	2.20	46 724	102 329	2.19
107 026	2.35	815	1 700	2.09	31 243	68 195	2.18
283 614	2.50	28 133	86 056	3.06	112 376	287 356	2.56
58 906	2.63	12 513	24 309	1.94	47 082	152 861	3.25
5 773	2.17	677	1 505	2.22	13 325	37 481	2.81
131 030	2.10	20 120	39 599	1.97	68 060	162 842	2.39
33 023	1.50	1 920	2 327	1.21	61 660	151 585	2.46
293 571	2.40	2 565	3 691	1.44	101 412	264 231	2.61
184 809	2.55	33 076	75 451	2.28	116 051	268 311	2.31
8 467 200	2.02	456 800	933 100	2.04	563 300	1 391 800	2.47
16 244 800	2.03	48 400	84 200	1.74	464 500	1 113 200	2.40
2 447 800	2.28	742 200	1 777 300	2.39	867 100	2 190 700	2.53
80 400	1.90	500	800	1.60	9 000	19 900	2.21
139 800	2.59	4 800	8 700	1.81	9 400	20 900	2.22
841 800	3.46	63 900	209 900	3.28	38 400	150 600	3.92
18 482	1.83	1 169	2 137	1.83	32 983	60 892	1.85
312 936	1.77	24 020	42 846	1.78	388 016	625 716	1.61
33 088	1.51	3 356	5 194	1.55	10 499	16 122	1.54
37 219	1.61	911	1 557	1.71	34 316	52 205	1.52
138 185	2.00	3 013	6 592	2.19	19 318	37 026	1.92
484 339	2.77	4 565	12 862	2.82	150 977	399 054	2.64
194 261	2.06	8 976	16 146	1.80	86 560	165 154	1.91
34 459	2.45	1 441	1 519	1.05	19 437	47 161	2.43
104 193	1.72	1 872	3 221	1.72	131 823	186 011	1.41
8 038	2.37	2 480	5 698	2.30	4 355	10 627	2.44
141 932	2.72	3 504	9 942	2.84	54 119	150 066	2.77
2 746	1.09	222	236	1.06	3 725	4 275	1.15
8 574	2.98	111	271	2.44	7 108	18 745	2.64
4 986	3.02	50	176	3.52	2 056	5 455	2.65
22 000	1.69	3 820	6 780	1.77	22 640	38 868	1.72

5 - 6 2010 年主要城市接待

FOREIGN TOURISTS BY MAJOR

城市名称 NAME OF CITY		合计 TOTAL	#日本 JAPAN	#韩国 KOREA	#马来西亚 MALAYSIA	#菲律宾 PHILIPPINES	#新加坡 SINGAPORE
北京	BEIJING	4 216 250	525 595	505 983	125 435	28 026	130 914
天津	TIANJIN	1 530 461	569 028	279 991	77 220	37 817	103 327
石家庄	SHIJIAZHUANG	99 800	14 650	8 584	2 859	724	2 439
秦皇岛	QINHUANGDAO	228 976	27 604	36 072	5 524	3 919	5 233
承德	CHENGDE	221 920	22 703	17 424	20 587	3 893	18 583
太原	TAIYUAN	197 616	42 500	8 980	2 759	3 300	5 142
大同	DATONG	162 797	33 234	6 250	4 968	1 844	2 670
呼和浩特	HOHHOT	81 454	9 085	6 329	689	175	2 045
沈阳	SHENYANG	460 885	100 023	307 532	2 252	552	3 190
大连	DALIAN	1 047 343	569 949	191 031	13 690	8 977	19 477
长春	CHANGCHUN	219 780	49 228	92 622	3 398	226	5 132
吉林	JILIN	38 250	3 562	5 946	1 613	142	1 368
延边	YANBIAN	375 815	17 868	159 962	96	201	1 287
哈尔滨	HARBIN	211 759	43 058	13 095	3 256	1 343	8 038
上海	SHANGHAI	5 931 211	1 309 606	609 495	217 990	172 394	202 364
南京	NANJING	867 964	121 486	90 483	69 650	4 370	54 480
无锡	WUXI	556 564	159 174	44 681	79 779	3 118	28 732
苏州	SUZHOU	1 472 251	426 352	230 147	59 078	7 594	57 832
南通	NANTONG	315 992	168 465	23 579	3 608	5 776	9 668
连云港	LIANYUNGANG	93 119	8 958	22 730	1 373	1 304	3 511
杭州	HANGZHOU	1 878 521	334 878	474 997	94 392	11 303	62 777
宁波	NINGBO	539 138	96 119	56 329	14 066	8 420	17 845
温州	WENZHOU	310 230	18 603	9 782	4 224	2 100	5 106
合肥	HEFEI	189 435	44 181	22 238	3 534	3 874	5 565
黄山	HUANGSHAN	598 628	44 073	310 017	18 971	2 094	21 299
福州	FUZHOU	389 198	39 878	12 341	13 791	6 737	18 961
厦门	XIAMEN	511 095	116 591	42 979	61 883	19 448	61 425
泉州	QUANZHOU	90 171	4 395	3 311	5 133	6 711	3 518
漳州	ZHANGZHOU	55 864	3 852	2 020	5 083	636	4 595

外国旅游者人数(按国籍分)

CITIES & NATIONALITY 2010

单　位：人次
UNIT：ARRIVALS

#泰　国 THAI-LAND	#美　国 U. S. A.	#加拿大 CANADA	#英　国 UNITED KINGDOM	#法　国 FRANCE	#德　国 GERMANY	#俄罗斯 RUSSIA	#澳大利亚 AUS-TRALIA
76 343	699 990	150 890	167 513	142 522	200 788	189 690	124 414
24 078	101 355	29 680	35 210	29 796	24 262	10 371	11 724
597	9 793	2 660	3 694	3 114	5 060	14 377	3 102
4 542	13 247	4 559	9 336	6 132	13 983	50 195	5 208
4 013	14 551	6 055	23 059	24 221	15 565	5 905	1 542
2 550	23 000	4 400	8 240	16 479	15 260	3 400	9 440
1 561	16 842	5 928	6 566	16 511	15 873	2 868	5 618
646	6 956	1 389	2 885	1 057	6 013	764	1 889
878	8 882	3 335	2 483	2 248	7 162	3 067	1 516
3 121	41 846	11 026	13 441	7 343	20 846	60 832	10 337
2 268	3 286	912	812	3 834	16 716	8 944	1 284
526	2 182	445	470	221	836	4 929	529
44	829	31	21	1 284	30	168 082	586
5 673	20 863	4 269	3 718	20 178	5 334	53 652	4 827
112 398	692 980	179 723	171 018	212 327	252 349	71 300	182 782
8 658	112 724	32 357	38 985	33 491	71 563	4 815	33 910
17 066	59 814	26 720	7 587	5 944	19 841	2 603	18 871
24 363	192 581	43 358	44 071	38 428	68 084	7 361	33 131
2 874	19 332	4 285	12 294	6 506	9 664	2 215	4 132
927	5 298	2 004	3 275	3 002	3 787	8 459	2 160
64 023	163 484	33 884	41 898	41 533	56 168	16 761	34 189
9 251	62 234	15 870	20 248	18 482	19 575	16 713	18 312
2 540	18 081	4 281	6 972	23 057	18 550	8 482	4 678
1 584	22 133	4 224	6 725	6 570	12 717	5 865	5 171
3 302	51 814	12 621	14 462	33 935	13 510	5 236	8 209
1 302	219 434	14 603	7 200	1 636	6 520	839	4 794
9 545	46 798	10 841	11 964	11 810	14 398	3 869	11 599
825	38 908	2 895	2 330	464	2 977	1 184	1 516
317	24 838	3 142	925	301	1 520	440	621

5－6(续1)

城市名称 NAME OF CITY		合计 TOTAL	#日本 JAPAN	#韩国 KOREA	#马来西亚 MALA-YSIA	#菲律宾 PHILIP-PINES	#新加坡 SINGA-PORE
南昌	NANCHANG	86 552	5 789	5 257	1 279	1 278	2 055
九江	JIUJIANG	141 770	13 317	13 555	3 367	2 194	10 360
济南	JINAN	153 327	27 226	26 501	7 883	1 262	9 511
青岛	QINGDAO	826 628	237 085	369 649	7 823	14 135	13 430
烟台	YANTAI	390 028	67 068	228 267	3 342	5 410	7 040
威海	WEIHAI	355 989	34 166	292 959	349	686	857
郑州	ZHENGZHOU	198 617	35 557	22 739	17 135	7 550	4 846
洛阳	LUOYANG	372 276	26 193	46 206	21 268	312	5 235
武汉	WUHAN	701 658	144 636	22 076	21 650	3 751	22 302
长沙	CHANGSHA	480 637	41 064	173 202	19 793	8 262	20 092
广州	GUANGZHOU	2 170 541	185 176	60 482	87 703	13 746	48 824
深圳	SHENZHEN	1 675 798	372 023	142 505	105 664	13 447	89 400
珠海	ZHUHAI	567 257	67 032	10 170	46 430	1 258	34 915
汕头	SHANTOU	82 017	5 374	2 137	7 807	265	11 479
湛江	ZHANJIANG	34 975	2 500	2 300	1 689	1 000	2 250
中山	ZHONGSHAN	134 867	22 999	4 630	6 990	2 300	5 937
南宁	NANNING	123 267	3 561	1 396	11 488	704	5 743
桂林	GUILIN	897 491	67 997	87 635	129 458	3 137	37 229
北海	BEIHAI	37 249	628	330	365	193	392
海口	HAIKOU	74 461	4 557	3 138	14 706	263	24 496
三亚	SANYA	324 486	19 232	25 453	4 833	1 859	7 543
重庆	CHONGQING	1 039 598	142 581	40 981	46 920	3 227	70 639
成都	CHENGDU	543 010	129 737	25 375	22 071	2 053	24 724
贵阳	GUIYANG	26 045	3 316	3 462	1 079	106	2 682
昆明	KUNMING	666 361	44 251	134 414	84 757	1 524	66 947
拉萨	LHASA	154 178	10 227	5 134	6 094	540	6 055
西安	XI'AN	732 065	70 368	60 820	9 958	2 213	10 158
兰州	LANZHOU	13 650	2 638	1 036	1 169	19	649
西宁	XINING	21 762	4 169	1 613	903	81	2 152
银川	YINCHUAN	10 705	2 076	626	442	41	480
乌鲁木齐	URUMQI	264 000	25 012	11 988	2 623	477	4 011

#泰　国 THAI-LAND	#美　国 U. S. A.	#加拿大 CANADA	#英　国 UNITED KINGDOM	#法　国 FRANCE	#德　国 GERMANY	#俄罗斯 RUSSIA	#澳大利亚 AUS-TRALIA
1 180	30 527	2 259	3 231	2 823	2 470	2 284	1 757
307	10 522	1 292	9 956	3 004	12 688	9 918	7 688
2 179	13 815	4 097	7 015	4 539	10 662	3 831	5 198
2 570	35 492	9 258	17 621	11 757	21 602	15 771	8 215
1 501	10 915	4 910	7 113	5 293	7 787	4 249	4 243
68	3 240	338	1 458	408	621	17 724	416
2 751	22 464	15 834	3 602	4 833	4 955	12 052	4 727
16 021	17 716	2 857	9 964	45 308	37 920	27 240	4 001
5 039	91 889	35 636	32 140	45 653	101 260	2 419	39 584
10 476	33 684	20 232	13 429	17 619	19 588	7 865	20 070
40 093	105 647	253 536	28 265	36 305	31 315	14 396	39 826
40 338	246 880	39 184	47 749	40 338	41 430	17 449	46 871
9 074	27 658	6 194	5 863	5 431	9 056	2 475	4 199
13 094	5 009	1 349	1 818	2 008	1 055	745	1 259
1 600	4 600	1 550	2 300	769	356	690	1 905
978	28 989	4 023	4 316	3 200	3 832	917	5 720
4 226	4 127	1 640	1 699	1 200	1 120	220	1 846
23 071	86 240	31 556	44 573	74 878	45 023	1 049	37 830
300	1 360	727	629	421	455	383	543
2 410	6 418	1 576	1 002	1 019	1 626	504	1 612
920	14 698	5 833	5 082	6 606	15 112	146 948	5 263
43 307	192 408	47 158	34 476	17 139	102 841	2 399	28 213
10 243	77 073	18 504	44 510	21 673	18 363	4 069	19 859
833	3 043	654	721	4 059	794	217	539
85 785	43 538	11 187	10 988	24 125	19 755	1 373	20 139
1 876	21 785	8 290	7 364	7 047	12 703	5 900	4 000
5 088	106 042	28 409	41 023	42 337	40 166	7 680	30 507
135	2 045	514	404	732	915	82	472
253	2 775	585	1 220	1 001	2 984	84	774
123	1 365	400	280	382	1 244	91	391
2 989	21 050	9 950	13 044	7 956	7 040	153 900	3 960

六、星级饭店基本情况

6. STATISTICS OF STAR-RATED HOTELS

6－1 2010年全国星级饭店

BREAKDOWN OF STAR-RATED HOTELS BY ECONOMIC

饭店类型和星级	ECONOMIC TYPE & STAR-RATED	饭店数（家）NUMBER OF HOTELS	客房数（间）NUMBER OF ROOMS	床位数（张）NUMBER OF BEDS
一、饭店经济类型	ECONOMIC TYPE			
合计	**TOTAL**	**11 779**	**1 476 359**	**2 566 382**
内资企业	**DOMESTIC FUNDED**			
国有企业	STATE-OWNED ENTERPRISES	4 179	533 244	951 089
集体企业	COLLECTIVE-OWNED ENTERPRISES	494	50 832	92 618
股份合作企业	COOPERATIVE ENTERPRISES	254	28 907	52 291
国有联营	STATE JOINT OWNERSHIP ENTERPRISES	11	1 401	2 535
集体联营	COLLECTIVE JOINT OWNERSHIP ENTERPRISES	19	1 724	2 952
国有与集体联营	JOINT STATE-COLLECTIVE ENTERPRISES	9	1 061	1 972
其他联营	OTHER JOINT OWNERSHIP ENTERPRISES	5	312	561
国有独资公司	STATE SOLE FUNDED CORPORATIONS	367	56 476	91 505
其他有限责任公司	OTHER LIMITED LIABILITY CORPORATIONS	1 246	178 242	305 331
股份有限公司	SHARE-HOLDING CORPORATIONS LIMITED	575	80 435	140 301
私营独资	PRIVATE ENTERPRISES	1 492	120 444	214 827
私营合伙	PRIVATE-FUNDED ENTERPRISES	383	36 082	60 090
私营有限责任公司	PRIVATE PARTNERSHIP ENTERPRISES	1 514	173 310	303 073
私营股份有限公司	PRIVATE SHARE-HOLDING CORPORATIONS LTD.	172	23 417	41 387
其他	OTHER ENTERPRISES	522	59 104	100 845
港澳台商投资	**ENTERPRISES WITH FUNDS FROM HONG KONG,MACAO AND TAIWAN**			
与港澳台商合资经营	JOINT-VENTURES ENTERPRISES	147	38 693	59 757
与港澳台商合作经营	COOPERATIVE ENTERPRISES	34	9 203	13 864
港澳台商独资	ENTERPRISE WITH SOLE INVESTMENT	74	16 047	25 984
港澳台商投资股份有限公司	SHARE-HOLDING CORPORATIONS LTD.	24	5 004	8 313
外商投资	**FOREIGN FUNDED ENTERPRISES**			
中外合资经营	JOINT-VENTURE ENTERPRISES	114	27 744	43 481
中外合作经营	COOPERATION ENTERPRISES	47	12 865	19 613
外资企业	ENTERPRISE WITH SOLE FUNDS	77	18 046	28 067
外商投资股份有限公司	SHARE-HOLDING CORPORATIONS LTD.	20	3 766	5 926
二、饭店星级	STAR-RATED HOTEL			
合计	**TOTAL**	**11 779**	**1 476 359**	**2 566 382**
五星级	5－STAR	545	200 110	302 792
四星级	4－STAR	2 002	405 035	677 417
三星级	3－STAR	5 384	613 936	1 103 361
二星级	2－STAR	3 636	247 303	463 713
一星级	1－STAR	212	9 975	19 099

基本情况(按经济类型、规模和星级分)

TYPE, CAPACITY, STAR-RATED & FINANCE 2010

客房出租率(%) ROOM OCCUPANCY (%)	营业收入 (千元) TOTAL REVENUE (1000 RMB ¥)	营业税金 (千元) TAX (1000 RMB ¥)	固定资产 (千元) FIXED ASSETS (1000 RMB ¥)
60.28	**212 265 511.25**	**11 136 351.76**	**454 677 085.02**
60.53	76 014 835.40	3 821 669.78	179 956 439.20
58.79	6 164 208.19	331 949.72	13 493 413.78
60.23	3 422 165.86	181 601.42	7 427 830.79
55.03	147 438.52	8 297.21	417 926.24
61.24	126 966.91	6 656.75	308 397.01
57.18	128 038.59	7 321.49	398 291.17
61.23	44 506.75	2 399.42	27 911.46
63.06	10 727 938.03	578 873.99	19 581 251.55
59.98	25 196 694.67	1 388 954.47	50 556 395.58
60.69	11 532 590.89	614 341.76	23 175 036.23
59.16	11 326 797.28	637 879.88	21 052 669.36
60.74	4 284 169.99	240 875.29	5 818 293.86
60.22	19 959 752.69	1 089 694.97	33 471 439.00
56.81	2 155 112.66	119 278.55	4 596 701.14
58.92	7 591 999.06	415 292.04	14 719 014.26
60.16	9 678 785.78	486 773.87	24 976 444.98
62.03	2 665 792.08	126 076.37	3 992 765.23
61.82	4 057 780.97	205 561.05	10 313 810.58
55.10	1 196 665.44	61 495.40	2 614 133.33
62.55	7 365 970.32	384 961.60	18 874 546.36
59.08	3 328 901.86	167 181.62	5 823 072.72
61.54	4 290 311.72	216 277.83	11 074 281.51
63.69	858 087.60	42 937.30	2 007 019.70
60.28	**212 265 511.25**	**11 136 351.76**	**454 677 085.02**
60.40	62 712 200.24	3 321 943.18	150 348 489.43
61.79	72 635 269.36	3 732 371.89	153 596 831.34
60.16	61 114 082.21	3 256 886.56	119 875 071.41
58.35	15 436 173.69	804 887.60	30 058 435.32
50.06	367 785.75	20 262.54	798 257.53

6-2 2010年全国星级饭店

BREAKDOWN OF STAR-RATED HOTELS, ROOMS,

地 区 LOCALITY		饭店数（家）NUMBER OF HOTELS	客房数（间）NUMBER OF ROOMS	床位数（张）NUMBER OF BEDS	从业人数（人）NUMBER OF EMPLOYED PERSONS (PERSON)
总 计	**TOTAL**	**11 779**	**1 476 359**	**2 566 382**	**1 580 963**
北 京	BEIJING	644	127 238	220 186	127 379
天 津	TIANJIN	99	16 235	27 445	17 630
河 北	HEBEI	198	24 258	44 321	31 288
山 西	SHANXI	255	27 310	50 246	42 391
内蒙古	INNER MONGOLIA	239	23 707	42 645	26 240
辽 宁	LIAONING	432	52 678	88 920	51 257
吉 林	JILIN	207	19 546	35 828	22 924
黑龙江	HEILONGJIANG	246	23 952	44 299	20 902
上 海	SHANGHAI	291	63 975	98 909	69 837
江 苏	JIANGSU	702	92 122	154 499	107 173
浙 江	ZHEJIANG	814	102 979	176 407	111 027
安 徽	ANHUI	417	44 265	80 263	45 306
福 建	FUJIAN	374	48 952	82 095	58 918
江 西	JIANGXI	311	34 078	61 156	28 380
山 东	SHANDONG	895	97 105	171 384	119 122
河 南	HENAN	386	49 095	89 160	56 464
湖 北	HUBEI	455	44 975	78 813	45 349
湖 南	HUNAN	433	52 892	92 263	59 049
广 东	GUANGDONG	1 008	152 891	249 708	188 642
广 西	GUANGXI	379	47 826	84 703	42 479
海 南	HAINAN	186	31 159	56 390	25 643
重 庆	CHONGQING	246	30 901	52 234	35 512
四 川	SICHUAN	395	48 730	84 021	54 973
贵 州	GUIZHOU	324	24 726	43 807	21 335
云 南	YUNNAN	560	53 703	97 926	41 807
西 藏	TIBET	105	9 576	18 084	5 341
陕 西	SHAANXI	269	36 533	66 376	44 133
甘 肃	GANSU	311	31 132	57 573	29 016
青 海	QINGHAI	105	10 087	18 879	8 025
宁 夏	NINGXIA	57	6 383	11 061	7 700
新 疆	XINJIANG	436	47 350	86 781	35 721

基本情况(按地区分)

OCCUPANCIES & FINANCE BY LOCALITY 2010

客房出租率(%) ROOM OCCUPANCY (%)	营业收入 (千元) TOTAL REVENUE (1000 RMB ¥)	营业税金 (千元) TAX (1000 RMB ¥)	固定资产 (千元) FIXED ASSETS (1000 RMB ¥)
60.28	**212 265 511.25**	**11 136 351.76**	**454 677 085.02**
56.63	25 291 971.00	1 318 228.00	63 661 586.01
50.68	2 324 906.71	126 602.99	3 794 647.25
57.51	2 866 377.52	159 499.86	8 011 274.35
59.49	3 724 255.38	198 407.73	6 705 747.71
55.67	2 720 327.18	133 857.69	5 853 015.26
57.98	6 555 776.41	340 129.73	19 221 527.33
55.70	2 694 980.57	135 868.63	8 246 201.00
49.48	1 978 480.40	104 673.44	5 889 888.45
65.35	19 047 291.50	994 080.70	36 107 296.10
61.24	16 077 726.30	856 734.90	28 726 509.40
62.90	22 610 292.30	1 013 745.65	30 439 678.51
58.89	4 920 062.19	260 862.53	10 140 695.55
63.14	7 154 345.49	407 487.12	11 798 944.68
60.18	2 589 049.37	138 560.21	5 832 068.06
66.66	14 223 728.23	722 366.84	36 063 584.46
62.40	5 192 144.50	279 191.36	9 568 673.47
62.78	4 392 797.06	225 128.52	10 633 516.11
71.38	6 624 490.00	331 522.35	14 490 710.18
57.57	25 349 831.70	1 458 303.81	47 170 190.97
62.12	3 925 504.93	210 995.19	9 392 380.85
59.65	3 627 696.75	191 975.71	9 993 770.91
58.61	3 889 623.49	206 032.21	7 387 088.87
64.67	6 531 805.24	352 773.94	15 897 743.21
62.99	1 850 728.44	102 613.29	3 140 347.02
54.89	3 674 914.23	208 343.59	13 351 302.82
43.62	413 876.12	20 623.38	2 392 443.95
61.75	4 593 035.84	235 680.25	10 490 519.98
54.57	2 104 108.05	111 147.31	5 683 257.91
45.34	643 138.16	34 912.76	1 542 040.22
56.47	689 644.40	34 053.50	2 132 704.40
60.72	3 982 601.78	221 948.57	10 917 730.05

6-3 2010年全国各地区星级

NUMBER OF STAR-RATED HOTELS BY

地 区 LOCALITY		国有企业 STATE-OWNED ENTER-PRISES	集体企业 COLLE-CTIVE-OWNED ENTER-PRISES	股份合作企业 COOPE-RATIVE ENTER-PRISES	国有联营 STATE JOINT OWNERSHIP ENTER-PRISES	集体联营 COLLECTIVE JOINT OWNERSHIP ENTER-PRISES
总 计	**TOTAL**	**4 179**	**494**	**254**	**11**	**19**
北 京	BEIJING	203	39	19	0	0
天 津	TIANJIN	34	5	1	0	0
河 北	HEBEI	104	12	1	1	0
山 西	SHANXI	107	8	12	0	0
内蒙古	INNER MONGOLIA	66	11	1	0	0
辽 宁	LIAONING	179	17	1	0	2
吉 林	JILIN	75	19	3	0	1
黑龙江	HEILONGJIANG	126	5	7	1	0
上 海	SHANGHAI	113	21	3	1	0
江 苏	JIANGSU	143	29	11	1	0
浙 江	ZHEJIANG	164	69	50	0	3
安 徽	ANHUI	151	11	18	0	0
福 建	FUJIAN	154	9	5	0	0
江 西	JIANGXI	141	2	6	0	0
山 东	SHANDONG	367	44	22	0	4
河 南	HENAN	167	27	9	1	0
湖 北	HUBEI	186	15	14	1	0
湖 南	HUNAN	147	5	12	0	0
广 东	GUANGDONG	175	38	7	1	2
广 西	GUANGXI	127	13	4	1	0
海 南	HAINAN	61	2	6	2	2
重 庆	CHONGQING	78	10	4	0	0
四 川	SICHUAN	270	3	14	0	0
贵 州	GUIZHOU	116	1	5	1	0
云 南	YUNNAN	180	28	6	0	4
西 藏	TIBET	38	14	1	0	0
陕 西	SHAANXI	136	6	2	0	0
甘 肃	GANSU	139	18	2	0	0
青 海	QINGHAI	31	4	2	0	0
宁 夏	NINGXIA	14	0	0	0	0
新 疆	XINJIANG	187	9	6	0	1

饭店数（按经济类型分）

ECONOMIC TYPE 2010

单　位：家
UNIT：NUMBER

国有与集体联营 JOINT STATE-COLLECTIVE ENTERPRISES	其他联营 OTHER JOINT OWNERSHIP ENTERPRISES	国有独资公司 STATE SOLE FUNDED CORPORATIONS	其他有限责任公司 OTHER LIMITED LIABILITY CORPORATIONS	股份有限公司 SHARE-HOLDING CORPORATIONS LIMITED	私营独资 PRIVATE ENTERPRISES	私营合伙 PRIVATE-FUNDED ENTERPRISES
9	**5**	**367**	**1 246**	**575**	**1 492**	**383**
1	1	16	197	13	11	3
0	0	0	31	4	11	0
0	0	0	25	3	19	2
0	0	0	26	26	31	3
0	0	1	46	12	47	5
0	0	2	44	12	50	3
0	1	0	13	4	34	0
0	0	0	21	14	39	2
2	0	34	16	19	15	0
0	0	287	0	46	146	0
0	0	0	9	58	41	144
1	0	1	46	32	64	11
0	1	0	28	7	27	24
0	0	0	29	19	33	10
1	0	0	109	71	82	7
0	0	0	47	28	37	1
0	0	0	50	23	54	17
0	0	0	22	21	98	21
0	0	24	145	41	73	45
0	0	0	27	17	70	22
0	1	0	39	8	17	1
0	0	0	36	10	34	9
0	0	0	27	9	24	2
0	0	1	26	7	89	14
1	1	1	37	21	155	7
0	0	0	11	3	10	9
0	0	0	50	8	16	4
3	0	0	20	21	57	2
0	0	0	18	3	29	3
0	0	0	12	5	5	0
0	0	0	39	10	74	12

6－3(续1)

地　区 LOCALITY	私营有限责任公司 PRIVATE PARTNERSHIP ENTERPRISES	私营股份有限公司 PRIVATE SHARE-HOLDING CORPORATIONS LTD.	其他 OTHER ENTERPRISES	与港澳台商合资经营 JOINT-VENTURES ENTERPRISES	与港澳台商合作经营 COOPERATIVE ENTERPRISES
总　计 TOTAL	**1 514**	**172**	**522**	**147**	**34**
北　京 BEIJING	79	7	0	31	2
天　津 TIANJIN	0	0	2	1	5
河　北 HEBEI	22	0	2	4	0
山　西 SHANXI	31	3	5	2	0
内蒙古 INNER MONGOLIA	41	1	7	0	0
辽　宁 LIAONING	55	4	18	11	4
吉　林 JILIN	33	6	14	2	0
黑龙江 HEILONGJIANG	20	3	2	3	0
上　海 SHANGHAI	25	1	10	13	1
江　苏 JIANGSU	0	0	8	5	1
浙　江 ZHEJIANG	222	5	23	0	0
安　徽 ANHUI	55	6	10	4	0
福　建 FUJIAN	59	8	8	8	0
江　西 JIANGXI	38	13	12	1	0
山　东 SHANDONG	126	16	24	5	0
河　南 HENAN	40	7	11	2	0
湖　北 HUBEI	64	9	9	2	1
湖　南 HUNAN	59	20	8	8	0
广　东 GUANGDONG	91	14	242	25	17
广　西 GUANGXI	72	3	9	3	0
海　南 HAINAN	18	4	4	6	2
重　庆 CHONGQING	46	7	8	2	0
四　川 SICHUAN	36	3	6	1	0
贵　州 GUIZHOU	45	8	9	1	0
云　南 YUNNAN	61	5	38	2	0
西　藏 TIBET	14	0	4	0	0
陕　西 SHAANXI	30	5	3	1	1
甘　肃 GANSU	36	8	3	0	0
青　海 QINGHAI	11	0	2	1	0
宁　夏 NINGXIA	17	0	2	0	0
新　疆 XINJIANG	68	6	19	3	0

港澳台商独资 ENTERPRISE WITH SOLE INVESTMENT	港澳台商投资股份有限公司 SHARE-HOLDING CORPORATIONS LTD.	中外合资经营 JOINT-VENTURE ENTERPRISES	中外合作经营 COOPERATION ENTERPRISES	外资企业 ENTERPRISE WITH SOLE FUNDS	外商投资股份有限公司 SHARE-HOLDING CORPORATIONS LTD.
74	**24**	**114**	**47**	**77**	**20**
2	0	15	5	0	0
0	0	2	2	1	0
0	0	0	0	1	2
1	0	0	0	0	0
1	0	0	0	0	0
5	1	17	1	5	1
0	0	0	0	2	0
1	0	1	0	1	0
3	0	5	6	3	0
5	0	12	2	5	1
0	13	0	0	2	11
1	1	2	0	3	0
13	1	7	5	9	1
1	0	3	0	3	0
4	0	9	0	3	1
1	0	5	2	0	1
2	0	2	0	6	0
4	2	1	1	4	0
18	5	14	17	14	0
5	0	2	2	2	0
4	1	5	0	3	0
0	0	0	0	1	1
0	0	0	0	0	0
0	0	1	0	0	0
1	0	4	1	6	1
0	0	0	0	1	0
1	0	3	2	1	0
1	0	1	0	0	0
0	0	1	0	0	0
0	0	0	1	1	0
0	0	2	0	0	0

6－4 2010年全国各地区
NUMBER OF STAR-RATED

地　区 LOCALITY	星级饭店 合　计 TOTAL	五星级 5－STAR
总　计　TOTAL	**11 779**	**545**
北　京　BEIJING	644	58
天　津　TIANJIN	99	10
河　北　HEBEI	198	4
山　西　SHANXI	255	9
内蒙古　INNER MONGOLIA	239	7
辽　宁　LIAONING	432	16
吉　林　JILIN	207	7
黑龙江　HEILONGJIANG	246	4
上　海　SHANGHAI	291	43
江　苏　JIANGSU	702	58
浙　江　ZHEJIANG	814	38
安　徽　ANHUI	417	14
福　建　FUJIAN	374	20
江　西　JIANGXI	311	7
山　东　SHANDONG	895	24
河　南　HENAN	386	10
湖　北　HUBEI	455	11
湖　南　HUNAN	433	15
广　东　GUANGDONG	1 008	84
广　西　GUANGXI	379	13
海　南　HAINAN	186	19
重　庆　CHONGQING	246	15
四　川　SICHUAN	395	16
贵　州　GUIZHOU	324	4
云　南　YUNNAN	560	11
西　藏　TIBET	105	0
陕　西　SHAANXI	269	8
甘　肃　GANSU	311	3
青　海　QINGHAI	105	1
宁　夏　NINGXIA	57	1
新　疆　XINJIANG	436	15

星级饭店数

HOTELS 2010

单　位：家
UNIT：NUMBER

四星级 4 - STAR	三星级 3 - STAR	二星级 2 - STAR	一星级 1 - STAR
2 002	**5 384**	**3 636**	**212**
123	246	200	17
29	45	14	1
51	89	51	3
46	104	96	0
16	79	126	11
68	222	117	9
40	85	74	1
48	110	79	5
62	119	65	2
182	325	137	0
146	324	283	23
83	166	151	3
93	182	78	1
56	173	74	1
150	475	244	2
57	192	123	4
61	188	179	16
48	192	168	10
177	568	176	3
49	199	115	3
50	87	26	4
53	122	55	1
67	163	143	6
31	132	141	16
54	156	309	30
10	47	40	8
37	148	76	0
37	134	123	14
12	46	43	3
10	39	7	0
56	227	123	15

6-5　2010年全国星级

MAJOR STATISTICS IN

地方/项目 LOCALITY/ITEM		全员劳动生产率（千元/人） OLP(1000 RMB ¥/PER)	人均占用固定资产原价（千元/人） AF(1000 RMB ¥/PER)	百元固定资产创营业收入（元） REVEN/100F. A (RMB ¥)	平均客房出租率（%） AOR (%)
总　计	**TOTAL**	**134.26**	**287.60**	**44.53**	**60.28**
北　京	BEIJING	198.56	499.78	39.73	56.63
天　津	TIANJIN	131.87	215.24	61.27	50.68
河　北	HEBEI	91.61	256.05	35.78	57.51
山　西	SHANXI	87.85	158.19	55.54	59.49
内蒙古	INNER MONGOLIA	103.67	223.06	46.48	55.67
辽　宁	LIAONING	127.90	375.00	34.11	57.98
吉　林	JILIN	117.56	359.72	32.68	55.70
黑龙江	HEILONGJIANG	94.66	281.79	33.59	49.48
上　海	SHANGHAI	272.74	517.02	52.75	65.35
江　苏	JIANGSU	150.02	268.04	55.97	61.24
浙　江	ZHEJIANG	203.65	274.16	74.26	62.90
安　徽	ANHUI	108.60	223.83	48.52	58.89
福　建	FUJIAN	121.43	200.26	60.64	63.14
江　西	JIANGXI	91.23	205.50	44.39	60.18
山　东	SHANDONG	119.40	302.74	39.44	66.66
河　南	HENAN	91.95	169.47	54.28	62.40
湖　北	HUBEI	96.87	234.48	41.31	62.78
湖　南	HUNAN	112.19	245.40	45.74	71.38
广　东	GUANGDONG	134.38	250.05	53.74	57.57
广　西	GUANGXI	92.41	221.11	41.79	62.12
海　南	HAINAN	141.47	389.73	36.30	59.65
重　庆	CHONGQING	109.53	208.02	52.65	58.61
四　川	SICHUAN	118.82	289.19	41.19	64.67
贵　州	GUIZHOU	86.75	147.19	58.93	62.99
云　南	YUNNAN	87.90	319.36	27.52	54.89
西　藏	TIBET	77.49	447.94	17.30	43.62
陕　西	SHAANXI	104.07	237.70	43.78	61.75
甘　肃	GANSU	72.52	195.87	37.02	54.57
青　海	QINGHAI	80.14	192.15	41.71	45.34
宁　夏	NINGXIA	89.56	276.97	32.34	56.47
新　疆	XINJIANG	111.49	305.64	74.04	60.72

饭店主要经济指标

STAR-RATED HOTELS 2010

营业收入总额（千元）TOTAL REVENUE（1000RMB￥）	营业收入构成（%）BREAKDOWN OF TOTAL REVENUE		
	客房 ROOM	餐饮 FOOD & BEVERAGE	其他 OTHERS
212 265 511.25	**42.75**	**42.61**	**14.64**
25 291 971.00	44.62	33.13	22.25
2 324 906.71	41.85	41.66	16.49
2 866 377.52	38.34	51.82	9.84
3 724 255.38	39.86	51.76	8.38
2 720 327.18	42.78	47.84	9.38
6 555 776.41	43.65	44.49	11.86
2 694 980.57	42.26	47.01	10.73
1 978 480.40	52.04	40.95	7.01
19 047 291.50	52.96	34.24	12.80
16 077 726.30	35.82	52.29	11.89
22 610 292.30	28.79	42.76	28.48
4 920 062.19	41.64	47.74	10.62
7 154 345.49	41.82	49.23	8.95
2 589 049.37	52.85	40.79	6.36
14 223 728.23	43.89	48.67	7.44
5 192 144.50	40.81	46.42	12.76
4 392 797.06	49.32	42.52	8.16
6 624 490.00	43.34	44.46	12.19
25 349 831.70	41.53	43.35	15.12
3 925 504.93	45.94	43.22	10.84
3 627 696.75	58.41	33.58	8.01
3 889 623.49	41.07	44.63	14.30
6 531 805.24	45.58	38.19	16.05
1 850 728.44	55.78	37.17	7.05
3 674 914.23	50.33	35.05	14.62
413 876.12	58.01	27.74	14.25
4 593 035.84	40.30	49.36	10.34
2 104 108.05	50.47	41.81	7.72
643 138.16	55.57	34.63	9.80
689 644.40	43.35	50.95	5.70
3 982 601.78	45.28	44.69	10.03

6－6　2010 年全国国有星级

MAJOR STATISTICS IN

地方/项目 LOCALITY/ITEM	全员劳动生产率（千元/人） OLP(1000 RMB ¥/PER)	人均占用固定资产原价（千元/人） AF(0000 RMB ¥/PER)	百元固定资产创营业收入（元） REVEN/100F. A (RMB ¥)	平均客房出租率（%） AOR (%)
总　计　TOTAL	**130.20**	**308.24**	**42.24**	**60.53**
北　京　BEIJING	165.39	478.88	34.54	54.61
天　津　TIANJIN	122.57	316.96	38.67	64.45
河　北　HEBEI	91.36	328.12	27.84	55.37
山　西　SHANXI	94.06	188.18	49.98	58.37
内蒙古　INNER MONGOLIA	92.25	222.60	41.44	51.19
辽　宁　LIAONING	115.77	254.38	45.51	58.18
吉　林　JILIN	107.48	306.03	35.12	54.02
黑龙江　HEILONGJIANG	85.55	259.01	33.03	48.38
上　海　SHANGHAI	235.38	623.09	37.78	64.34
江　苏　JIANGSU	149.48	327.40	45.66	60.00
浙　江　ZHEJIANG	326.89	345.68	94.56	65.87
安　徽　ANHUI	117.40	255.04	46.03	59.45
福　建　FUJIAN	125.31	246.34	50.87	66.23
江　西　JIANGXI	98.18	255.84	38.38	61.17
山　东　SHANDONG	118.58	299.46	39.60	66.35
河　南　HENAN	97.58	184.46	52.90	63.04
湖　北　HUBEI	92.01	268.35	34.29	60.21
湖　南　HUNAN	137.56	343.43	40.05	70.79
广　东　GUANGDONG	147.15	265.29	55.47	61.58
广　西　GUANGXI	96.43	265.67	36.30	60.92
海　南　HAINAN	105.53	497.54	21.21	58.65
重　庆　CHONGQING	106.44	208.68	51.00	59.66
四　川　SICHUAN	122.57	316.96	38.67	64.45
贵　州　GUIZHOU	101.45	147.55	68.76	61.32
云　南　YUNNAN	98.01	388.07	25.26	56.34
西　藏　TIBET	83.82	562.16	14.91	41.84
陕　西　SHAANXI	92.10	237.46	38.79	58.06
甘　肃　GANSU	76.84	210.61	36.48	55.52
青　海　QINGHAI	83.82	279.81	29.95	45.31
宁　夏　NINGXIA	92.68	144.09	64.32	64.58
新　疆　XINJIANG	109.38	302.67	36.14	61.78

注：* 本表是全国 4179 家国有星级饭店汇总资料。

NOTES：* THE TABLE INCLUDE ALL THE 4179 STATE－OWNED HOTELS.

OLP：OVERALL LABOUR PRODUCTIVITY

饭店主要经济指标*

STATE-OWNED STAR-RATED HOTELS 2010

营业收入总额（千元） TOTAL REVENUE （1000RMB ¥）	营业收入构成（%） BREAKDOWN OF TOTAL REVENUE		
	客 房 ROOM	餐 饮 FOOD & BEVERAGE	其 他 OTHERS
76 014 835.40	**41.39**	**40.04**	**18.57**
5 936 640.00	44.57	35.03	20.40
4 936 476.71	45.65	36.99	17.36
1 558 030.34	38.59	52.32	9.10
1 570 263.81	44.98	47.04	7.98
796 336.91	47.10	44.45	8.45
2 549 051.31	44.00	47.25	8.75
996 912.97	39.12	49.93	10.95
1 006 925.97	48.72	43.49	7.79
6 213 523.50	47.25	32.38	20.37
3 554 980.50	36.46	49.82	13.71
8 578 139.70	20.36	24.67	54.97
2 041 074.02	41.65	45.30	13.06
2 954 781.61	44.88	45.29	9.83
1 226 594.38	53.72	39.47	6.81
6 699 418.11	43.38	47.06	9.55
2 682 681.12	38.05	45.20	16.74
1 733 293.12	51.57	40.02	8.41
3 408 074.23	39.62	42.75	17.63
4 708 849.78	42.84	41.47	15.69
1 557 743.66	45.03	42.03	12.94
782 373.79	61.84	29.23	8.93
1 323 878.97	38.41	40.67	20.92
4 936 476.71	45.65	36.99	17.36
819 437.48	54.43	39.12	6.45
1 717 555.18	48.22	31.67	20.11
273 937.74	55.49	28.13	16.39
2 114 179.44	37.90	52.56	9.54
1 191 328.73	49.73	41.97	8.30
231 250.10	56.42	34.54	9.05
198 801.40	34.35	56.54	9.10
2 051 926.44	45.27	45.27	9.46

AF: AVERAGE FIXED ASSETS

100F. A: 100 RMB¥ FIXED ASSETS

七、旅行社基本情况

7. STATISTICS OF TRAVEL AGENCIES

7－1　2009～2010年全国旅行社单位数

NUMBER OF TRAVEL AGENCIES 2009—2010

单　位：家
UNIT：NUMBER

地　区 LOCALITY	旅行社总数 TOTAL TRAVEL AGENCIES	
	2009年 2009	2010年 2010
总　　计　TOTAL	**20 399**	**22 691**
北　　京　BEIJING	805	905
天　　津　TIANJIN	267	310
河　　北　HEBEI	1 060	1 148
山　　西　SHANXI	681	755
内 蒙 古　INNER MONGOLIA	614	677
辽　　宁　LIAONING	1 001	1 145
吉　　林　JILIN	473	521
黑 龙 江　HEILONGJIANG	490	601
上　　海　SHANGHAI	851	867
江　　苏　JIANGSU	1 646	1 805
浙　　江　ZHEJIANG	1 447	1 639
安　　徽　ANHUI	795	904
福　　建　FUJIAN	626	718
江　　西　JIANGXI	647	699
山　　东　SHANDONG	1 752	1 842
河　　南　HENAN	1 017	1 096
湖　　北　HUBEI	816	931
湖　　南　HUNAN	610	681
广　　东　GUANGDONG	1 047	1 247
广　　西　GUANGXI	385	428
海　　南　HAINAN	208	299
重　　庆　CHONGQING	346	379
四　　川　SICHUAN	631	730
贵　　州　GUIZHOU	215	261
云　　南　YUNNAN	450	531
西　　藏　TIBET	39	78
陕　　西　SHAANXI	531	596
甘　　肃　GANSU	335	352
青　　海　QINGHAI	173	197
宁　　夏　NINGXIA	85	86
新　　疆　XINJIANG	356	263

7-2 2010年旅行社外联、接待入境旅游者情况

INTERNATIONAL TOURISTS LIAISED AND RECEIVED BY TRAVEL AGENCIES 2010

地区 LOCALITY		外联 LIAISED		接待 RECEIVED	
		人数 PERSONS	人天数 NIGHTS	人数 PERSONS	人天数 NIGHTS
总计	**TOTAL**	**13 519 785**	**46 142 048**	**24 066 664**	**56 101 006**
北京	BEIJING	1 610 010	6 292 821	1 839 380	6 568 913
天津	TIANJIN	82 485	218 771	108 495	292 680
河北	HEBEI	115 307	376 032	143 441	316 519
山西	SHANXI	12 093	36 429	56 273	123 991
内蒙古	INNER MONGOLIA	377 013	526 276	403 229	543 801
辽宁	LIAONING	1 434 994	3 264 139	2 726 694	3 906 561
吉林	JILIN	206 642	33 253	341 443	121 852
黑龙江	HEILONGJIANG	327 879	744 119	484 064	801 672
上海	SHANGHAI	763 398	5 418 886	1 038 652	6 334 179
江苏	JIANGSU	405 016	1 256 052	2 596 435	3 264 199
浙江	ZHEJIANG	1 007 720	3 503 582	1 165 192	2 101 267
安徽	ANHUI	66 903	307 068	209 286	459 100
福建	FUJIAN	376 235	1 560 755	441 464	1 006 049
江西	JIANGXI	21 422	33 428	43 865	81 048
山东	SHANDONG	1 079 539	4 831 223	1 395 219	5 144 643
河南	HENAN	148 522	543 587	348 385	377 932
湖北	HUBEI	110 041	379 066	1 203 498	1 282 004
湖南	HUNAN	492 058	2 259 272	1 017 034	3 415 794
广东	GUANGDONG	2 978 193	6 920 558	4 062 016	8 828 800
广西	GUANGXI	306 965	901 240	542 740	1 413 935
海南	HAINAN	113 091	387 074	213 784	542 656
重庆	CHONGQING	436 916	836 920	1 306 660	1 015 741
四川	SICHUAN	474 602	3 098 627	821 781	4 560 357
贵州	GUIZHOU	16 411	62 913	47 386	186 374
云南	YUNNAN	183 614	528 057	686 150	1 438 818
西藏	TIBET	40 064	35 400	69 959	96 656
陕西	SHAANXI	300 988	1 695 062	675 835	1 661 455
甘肃	GANSU	8 405	14 761	27 171	51 362
青海	QINGHAI	3 668	14 389	19 814	36 364
宁夏	NINGXIA	280	771	9 297	23 748
新疆	XINJIANG	19 311	61 517	22 022	102 536

7－3 2010年旅行社组团、接待国内旅游者情况

DOMESTIC TOURISTS ORGANIZED AND RECEIVED BY TRAVEL AGENCIES 2010

地区 LOCALITY		组团 ORGANIZED		接待 RECEIVED	
		人数 PERSONS	人天数 NIGHTS	人数 PERSONS	人天数 NIGHTS
总计	**TOTAL**	**119 486 152**	**326 664 820**	**141 343 393**	**288 332 123**
北京	BEIJING	3 754 261	14 653 095	3 606 062	10 897 379
天津	TIANJIN	1 390 303	3 671 422	798 924	1 417 377
河北	HEBEI	2 508 269	11 248 710	2 347 349	3 753 288
山西	SHANXI	1 242 303	4 604 942	1 668 863	4 197 901
内蒙古	INNER MONGOLIA	547 245	3 106 832	692 263	2 354 717
辽宁	LIAONING	3 868 360	15 353 593	4 827 812	13 665 297
吉林	JILIN	741 011	1 620 987	844 599	1 434 712
黑龙江	HEILONGJIANG	762 807	1 885 562	886 939	1 679 642
上海	SHANGHAI	10 860 719	22 640 371	10 608 866	18 779 171
江苏	JIANGSU	13 348 673	33 595 031	18 485 251	22 925 112
浙江	ZHEJIANG	13 639 411	30 314 872	12 206 705	23 118 227
安徽	ANHUI	3 779 886	10 281 123	4 547 122	9 044 840
福建	FUJIAN	2 559 059	8 893 103	4 334 239	9 862 576
江西	JIANGXI	1 587 810	4 717 981	2 230 235	4 932 291
山东	SHANDONG	8 222 584	27 046 595	7 608 023	19 043 854
河南	HENAN	2 978 548	7 873 129	3 130 865	4 687 350
湖北	HUBEI	4 642 522	13 665 409	5 640 293	8 344 222
湖南	HUNAN	4 240 338	16 540 841	5 191 751	16 102 313
广东	GUANGDONG	18 749 845	44 547 900	17 013 028	51 968 169
广西	GUANGXI	1 780 936	6 262 482	3 479 816	8 812 703
海南	HAINAN	1 278 680	4 764 620	2 466 122	8 816 536
重庆	CHONGQING	2 644 589	10 314 106	3 236 394	5 499 435
四川	SICHUAN	9 648 707	7 246 872	15 280 805	7 381 928
贵州	GUIZHOU	555 974	2 277 018	511 291	1 557 089
云南	YUNNAN	1 736 727	7 991 386	6 235 633	18 181 835
西藏	TIBET	41 511	169 566	200 400	756 523
陕西	SHAANXI	1 398 431	6 519 860	1 761 347	4 561 502
甘肃	GANSU	409 307	1 815 988	467 186	955 497
青海	QINGHAI	98 348	650 970	274 210	746 011
宁夏	NINGXIA	236 199	1 280 108	418 833	1 186 280
新疆	XINJIANG	232 789	1 110 346	342 167	1 668 346

7－4 2010年旅行社主要经济指标

MAJOR STATISTICS OF TRAVEL AGENCIES BY LOCALITY 2010

地 区 LOCALITY		从业人数(人) NUMBER OF EMPLOYED PERSONS (PERSON)	营业收入 (千元) TOTAL REVENUE (1000 RMB ¥)	营业税金及附加 (千元) TAX (1000 RMB ¥)	固定资产 (千元) FIXED ASSETS (1000 RMB ¥)
总 计	**TOTAL**	**277 262**	**235 389 462.70**	**1 969 084.63**	**78 633 603.47**
北 京	BEIJING	19 956	40 068 629.68	201 529.58	1 657 547.53
天 津	TIANJIN	4 677	1 967 481.31	19 922.04	508 034.25
河 北	HEBEI	5 930	2 581 698.58	28 057.26	58 674 160.33
山 西	SHANXI	7 927	2 118 323.87	17 487.09	152 329.16
内蒙古	INNER MONGOLIA	4 259	1 358 092.64	14 644.16	106 629.64
辽 宁	LIAONING	6 669	5 202 194.43	42 160.78	268 618.55
吉 林	JILIN	2 830	975 956.01	20 707.56	97 403.34
黑龙江	HEILONGJIANG	3 825	2 187 511.90	32 626.39	347 644.29
上 海	SHANGHAI	16 215	29 798 563.93	202 847.24	633 654.90
江 苏	JIANGSU	18 807	18 397 472.57	181 152.60	1 074 259.78
浙 江	ZHEJIANG	22 202	20 566 888.62	183 213.44	970 241.09
安 徽	ANHUI	9 191	4 331 783.53	59 475.07	514 077.38
福 建	FUJIAN	10 664	7 591 422.28	72 116.37	565 299.08
江 西	JIANGXI	4 662	1 830 141.45	15 294.11	93 110.16
山 东	SHANDONG	19 187	10 631 779.76	129 767.19	3 588 920.67
河 南	HENAN	9 322	5 348 608.99	63 628.39	1 403 523.77
湖 北	HUBEI	14 201	5 923 513.21	92 982.99	3 847 755.75
湖 南	HUNAN	10 877	9 339 829.09	57 993.35	382 143.79
广 东	GUANGDONG	33 134	34 995 365.50	299 758.33	1 441 858.73
广 西	GUANGXI	5 812	3 372 088.51	15 237.42	225 900.29
海 南	HAINAN	5 076	2 866 314.50	11 656.48	101 484.28
重 庆	CHONGQING	6 650	5 521 201.90	54 918.13	537 269.25
四 川	SICHUAN	6 586	3 484 277.11	26 955.11	273 425.46
贵 州	GUIZHOU	2 237	1 116 821.66	5 649.84	54 499.65
云 南	YUNNAN	11 296	6 793 959.14	43 163.35	471 609.79
西 藏	TIBET	526	274 462.51	2 121.81	53 129.15
陕 西	SHAANXI	6 600	3 509 048.24	15 052.36	120 098.16
甘 肃	GANSU	2 516	1 328 299.29	45 862.27	158 940.64
青 海	QINGHAI	1 968	337 864.97	1 926.98	45 497.78
宁 夏	NINGXIA	909	513 798.04	2 637.37	16 220.09
新 疆	XINJIANG	2 551	1 056 069.46	8 539.58	248 316.72

八、旅游企事业单位基本情况

8. STATISTICS OF TOURIST ATTRACTIONS

8－1　2010 年旅游景区基本情况

MAJOR STATISTIC OF TOURIST ATTRACTIONS 2010

地　区 LOCALITY		旅游景区总数(家) NUMBER OF TOURIST ATTRACTIONS	接待总人数(人次) VISITORS RECEIVED (PERSON)	营业收入(千元) TOTAL REVENUE (1000 RMB ¥)	#门票收入(千元) TICKETS (1000 RMB ¥)
总　计	**TOTAL**	**4521**	**2 242 766 875**	**396 080 507**	**87 449 647**
北　京	BEIJING	194	212 155 255	4 773 130	3 268 629
天　津	TIANJIN	43	24 775 414	1 349 437	76 492
河　北	HEBEI	240	85 322 712	1 933 873	573 267
山　西	SHANXI	78	32 928 508	3 610 986	788 341
内蒙古	INNER MONGOLIA	164	18 421 001	1 153 775	213 760
辽　宁	LIAONING	195	116 142 707	31 702 947	801 876
吉　林	JILIN	103	17 791 006	5 236 959	580 827
黑龙江	HEILONGJIANG	155	26 878 447	1 258 289	287 028
上　海	SHANGHAI	55	55 218 897	2 400 951	1 034 936
江　苏	JIANGSU	366	327 737 799	1 344 284	637 885
浙　江	ZHEJIANG	257	196 031 908	12 004 683	3 518 905
安　徽	ANHUI	276	71 475 188	9 323 725	1 840 078
福　建	FUJIAN	83	46 036 445	2 080 763	815 814
江　西	JIANGXI	99	54 123 693	12 613 824	1 554 577
山　东	SHANDONG	408	234 097 366	13 777 646	3 388 132
河　南	HENAN	192	98 119 469	3 254 399	1 712 546
湖　北	HUBEI	193	53 483 143	7 507 966	1 204 367
湖　南	HUNAN	184	81 351 261	3 354 150	1 824 711
广　东	GUANGDONG	136	133 683 453	5 560 561	2 592 772
广　西	GUANGXI	128	58 966 628	2 201 316	1 042 462
海　南	HAINAN	33	18 969 160	1 152 106	821 166
重　庆	CHONGQING	91	51 041 556	46 798 074	45 454 381
四　川	SICHUAN	188	64 321 055	183 253 065	9 203 533
贵　州	GUIZHOU	80	18 264 541	1 512 785	192 261
云　南	YUNNAN	137	63 954 621	3 207 442	1 847 270
西　藏	TIBET	—	—	—	—
陕　西	SHAANXI	93	29 246 925	1 235 131	887 494
甘　肃	GANSU	133	27 768 548	3 054 928	470 874
青　海	QINGHAI	10	2 928 138	35 066	17 254
宁　夏	NINGXIA	31	7 433 516	19 111 455	189 339
新　疆	XINJIANG	176	14 098 515	10 276 792	608 669

8－2 2010年全国旅游院校基本情况

MAJOR STATISTICS OF TOURISM SCHOOLS & COLLEGES 2010

地区 LOCALITY	旅游院校数(所) NUMBER OF TOURISM SCHOOLS AND COLLEGES			旅游院校学生数(人) NUMBER OF STUDENTS AT TOURISM SCHOOLS AND COLLEGES		
	总计 TOTAL	*高等院校 INSTITUTES OF HIGHER EDUCATION	**中等职业学校 SECONDARY VOCATIONAL SCHOOLS	总计 TOTAL	*高等院校 INSTITUTES OF HIGHER EDUCATION	**中等职业学校 SECONDARY VOCATIONAL SCHOOLS
总　计 TOTAL	**1 968**	**967**	**1 001**	**1 086 358**	**596 095**	**490 263**
北　京 BEIJING	105	71	34	23 177	4 187	18 990
天　津 TIANJIN	19	15	4	12 283	8 556	3 727
河　北 HEIBEI	55	35	20	18 913	14 441	4 472
山　西 SHANXI	47	29	18	56 989	50 590	6 399
内蒙古 INNER MONGOLIA	19	6	13	11 850	4 928	6 922
辽　宁 LIAONING	69	28	41	45 316	30 970	14 346
吉　林 JILIN	21	14	7	7 363	6 151	1 212
黑龙江 HEILONGJIANG	61	37	24	36 206	28 380	7 826
上　海 SHANGHAI	36	19	17	19 998	7 849	12 149
江　苏 JIANGSU	126	59	67	57 107	37 461	19 646
浙　江 ZHEJIANG	109	43	66	53 902	23 071	30 831
安　徽 ANHUI	53	38	15	87 281	60 159	27 122
福　建 FUJIAN	55	46	9	12 756	9 441	3 315
江　西 JIANGXI	55	28	27	24 794	18 475	6 319
山　东 SHANDONG	105	75	30	57 391	39 894	17 497
河　南 HENAN	83	52	31	45 762	38 009	7 753
湖　北 HUBEI	71	55	16	33 319	18 386	14 933
湖　南 HUNAN	84	48	36	52 433	29 831	22 602
广　东 GUANGDONG	91	37	54	94 635	37 011	57 624
广　西 GUANGXI	49	31	18	51 600	28 144	23 456
海　南 HAINAN	13	11	2	21 125	16 760	4 365
四　川 SICHUAN	91	27	64	46 730	12 252	34 478
重　庆 CHONGQING	288	63	225	134 572	26 189	108 383
贵　州 GUIZHOU	34	19	15	9 759	6 746	3 013
云　南 YUNNAN	161	33	128	33 195	10 430	22 765
西　藏 TIBET	2	2	0	485	485	0
陕　西 SHAANXI	17	14	3	13 367	7 867	5 500
甘　肃 GANSU	20	12	8	17 423	14 220	3 203
青　海 QINGHAI	7	3	4	1 993	1 706	287
宁　夏 NINGXIA	6	4	2	2 333	1 663	670
新　疆 XINJIANG	16	13	3	2 301	1 843	458

注：*　高等院校指旅游高等院校及开设旅游系(专业)的普通高等院校和成人高等院校。

**　中等职业学校指旅游中等专业学校、旅游职业高中及开设旅游专业的其他中等专业学校、职业高中和技校。

NOTES: *　TOURISM INSTITUTES: TOURISM COLLEGES AND ORDINARY INSTITUTES OF HIGHER EDUCATION WITH TOURISM DEPARTMENTS.

**　SECONDARY VOCATIONAL SCHOOLS: SECONDARY TOURISM PROFESSIONAL SCHOOLS, VOCATIONAL TOURISM HIGH SCHOOLS, TOURISM CLASSES AT OTHER SECONDARY PROFESSIONAL SCHOOL, VOCATIONAL HIGH SCHOOL AND TECHNIC SCHOOL.

附　　录

APPENDIX

旅游统计基本概念和主要指标解释

1. 游客： 指任何为休闲、娱乐、观光、度假、探亲访友、就医疗养、购物、参加会议或从事经济、文化、体育、宗教活动，离开常住国（或常住地）到其他国家（或地方），其连续停留时间不超过12个月，并且在其他国家（或其他地方）的主要目的不是通过所从事的活动获取报酬的人。

游客不包括因工作或学习在两地有规律往返的人。

游客按出游地分为国际游客（即入境游客）和国内游客。按出游时间分为旅游者（过夜游客）和一日游游客（不过夜游客）。

2. 常住国： 指一个人在近一年的大部分时间所居住的国家（或地区）或在这个国家（或地区）只居住了较短的时间，但在12个月内仍将返回的这个国家（或地区）。

3. 常住地： 指一个常住国的居民，在近一年的大部分时间所居住的城镇或在这个城镇只居住了较短的时期，但在12个月内仍将返回的这个城镇。判定一个游客是国际游客还是国内游客不是根据这个游客的国籍而是根据他的常住国或常住地而定。

4. 入境旅游人数： 指报告期内来我国观光、度假、探亲访友、就医疗养、购物、参加会议或从事经济、文化、体育、宗教活动的外国人、港澳台同胞等入境游客。统计时，外国人、港澳台同胞每入境一次统计1人次，即入境旅游人数。

入境旅游人数包括入境（过夜）旅游者和入境一日游游客。

5. 入境（过夜）旅游者： 指入境游客中，在我国旅游住宿设施内至少停留一夜的外国人、华侨、港澳台同胞。

入境（过夜）旅游者不包括下列人员：① 应邀来华访问的政府部长以上官员及其随行人员；② 外国驻华使领馆官员、外交人员以及随行的家庭服务人员和受赡养者；③ 常驻我国一年以上的外国专家、留学生、记者、商务机构人员等；④ 乘坐国际航班过境不需要通过护照检查进入我国口岸的中转旅客；⑤ 边境地区往来的边民；⑥ 回内地（大陆）定居的港澳台同胞；⑦ 已在我国定居的外国人和原已出境又返回在我国定居的外国侨民；⑧ 归国的我国出国人员。

6. 入境一日游游客： 指入境游客中，未在我国旅游住宿设施内过夜的外国人、华侨、港澳台同胞。入境一日游游客应包括乘坐游船、游艇、火车、汽车来华旅游，在车（船）上过夜的游客和机、车、船上乘务人员，但不包括在境外（内）居住而在境内(外)工作,当天往返的港澳同胞和周边国家的边民。

7. 国内游客: 指报告期内在国内观光游览、度假、探亲访友、就医疗养、购物、参加会议或从事经济、文化、体育、宗教活动的本国居民,其出游的目的不是通过所从事的活动谋取报酬。统计时,国内游客按每出游一次统计 1 人次。国内游客包括国内(过夜)旅游者和国内一日游游客。

8. 国内(过夜)旅游者: 指国内居民离开惯常居住地在境内其他地方的旅游住宿设施内至少停留一夜,最长不超过 12 个月的国内游客。国内旅游者应包括在我国境内常住一年以上的外国人、港澳台同胞。但不包括到各地巡视工作的部级以上领导、驻外地办事机构的临时工作人员、调遣的武装人员、到外地学习的学生、到基层锻炼的干部、到境内其他地区定居的人员和无固定居住地的无业游民。

9. 国内一日游游客: 指国内居民离开惯常居住地 10 公里以上,出游时间超过 6 小时,不足 24 小时,并未在境内其他地方的旅游住宿设施过夜的国内游客。

10. 国籍: 是指给游客颁发护照(或其他身份文件)的政府所在的国家。

11. 外国人: 指属外国国籍的人,加入外国国籍的中国血统华人也计入外国人。

12. 港澳台同胞: 指居住在我国香港特别行政区、澳门特别行政区和台湾省的中国同胞。

13. 职业: 旅游者在本次旅游前所从事的职业。

14. 出境游客(出境旅游人数): 指我国(大陆)公民因公或因私出境前往其他国家或地区观光、度假、探亲访友、就医疗养、购物、参加会议或从事经济、文化、体育、宗教活动的人数(即出境游客)。统计时,出境游客按每出境一次统计 1 人次。出境游客包括出境(过夜)旅游者和出境一日游游客。

15. 出境(过夜)旅游者: 指我国大陆居民出境旅游,并在境外其他国家或地区的旅游住宿设施至少停留一夜的游客。

16. 出境一日游游客: 指我国大陆居民出境旅游,在境外停留时间不超过 24 小时,并未在境外其他国家或地区的旅游住宿设施内过夜的游客。

17. 旅游收入: 游客(入境游客和国内游客)在旅游过程中(由游客或游客的代表为游客)支付的一切旅游支出就是国家(省、区、市)的旅游收入。游客的旅游支出应包括(过夜)旅游者和一日游游客在整个游程中行、游、住、食、购、娱,以及为亲友、家人购买纪念品、礼品等方面的旅游支出,不包括为商业目的购物、购买房、地、车、船等资本性或交易性的投资、馈赠亲友的现金及给公共机构的捐赠。旅游收入包括国际旅游(外汇)收入和国内旅游收入。

18. 国际旅游(外汇)收入： 入境旅游者在中国(大陆)境内旅行、游览过程中用于交通、参观游览、住宿、餐饮、购物、娱乐等全部花费。

19. 国内旅游收入： 指国内旅游者在国内旅行、游览过程中用于交通、参观游览、住宿、餐饮、购物、娱乐等全部花费。

20. 团体入境游客(简称“团队”)： 指参加旅游团(通常采用综合包价、小包价、国际会议、海洋游船、应邀来访及临时组织的旅游团等形式)来中国大陆旅游的入境旅游者及入境一日游游客。

21. 提供单项服务人数： 指未参加旅游团来中国大陆旅游或仅由旅行社办理委托手续(包括接送、预订饭店、订机(车、船)票、导游等服务项目)，并按零星价格承办而不参加旅行团的入境旅游者及入境一日游游客。

22. 旅行社外联入境游客人数： 指报告期内旅行社自组外联的入境游客人数，反映旅行社对外招徕的能力。旅行社按以下要求统计外联人数：①国际游客入境后不论其停留时间多少、旅游线路长短，只统计一次；②旅行社只统计本社自主外联团的实到人数，非本社外联，仅由本社接受委托办理签证的人数不包括在内。

23. 旅行社接待入境游客人数： 指报告期内旅行社实际接待的团队及零散入境旅游者和入境一日游游客人数，以反映旅行社的接待工作量。旅行社接待入境游客的人数，既包括本社外联并接待的团队游客，也包括接受其他旅行社委托接待的团队游客。

24. 旅行社外联入境旅游者人天数： 指报告期内旅行社外联的每个入境旅游者在境内实际停留的天数之和。仅委托办理有关手续或提供单项服务的零散入境游客不计算人天。外联一日游游客超过6小时的按1人天统计。

25. 旅行社接待入境旅游者人天数： 指报告期内旅行社接待的每个入境旅游者在本省、市实际停留的天数之和。仅委托办理有关手续或提供单项服务的零散入境游客不计算人天。

26. 国内旅游组团人数(人天数)： 指报告期内旅行社招徕组织国内团队游客人数(人天数)。组团人数包括国内旅游者人数和国内一日游游客人数。

27. 国内旅游接待人数(人天数)： 指报告期内旅行社接待国内团队游客人数(人天数)。接待人数(人天数)包括本社组团本社接待和外社组团本社接待的国内游客人数(人天数)。

28. 旅游住宿设施(旅馆业)： 指任何定期(或临时)为旅游者提供住宿条件的设施。旅游住宿设施包括星级饭店、宾馆、公寓、旅店、招待所、江河及海洋游船、培训中心、疗养院、度假村、假日营地、私人寓所、家庭住宅的出租客房及亲友提供的免费住宿设施等。

29. 星级饭店： 指已评定星级的饭店。

30. 星级饭店接待人数(人天数)： 指报告期内旅游者在星级饭店住宿的人数(人天数)。不论其住宿夜数多少,每接待一位旅游者只统计一次人数;一个旅游者住宿几夜,相应计算几个人天数。

31. 客房出租率： 指报告期内客房实际出租间天数除以报告期内客房可出租间天数的百分数。其计算公式为：

$$客房出租率(\%)=\frac{\sum 客房实际出租间天数(间天)}{\sum 客房核定出租间天数(间天)}\times 100$$

32. 客房实际平均价格： 指报告期内旅游饭店(宾馆)、公寓、涉外游船实际出租客房、公寓的平均价格。其计算公式为：

客房实际平均价格(元/间天)=客房收入(元)/客房实际出租间天数(间天)

33. 营业收入： 指企业各项经营业务的收入。饭店(宾馆)、写字楼、公寓、旅店的营业收入(总额),包括客房收入、餐饮收入、商品部收入、车队收入、其他收入等;旅行社的营业收入(总额),包括综合服务收入、组团外联收入、零星服务收入、劳务收入、票务收入、旅游及加项收入、其他收入等;酒楼、餐馆等饮食企业的营业收入包括餐费收入、冷热饮收入、服务收入、其他收入等;从事咨询服务的咨询公司的服务收入,也计入本科目。

旅行社(不论是组团社还是接团社)组织境外旅游者到国内旅游,应以旅行团队离境(或离开本地)时确认营业收入实现;旅行社组织国内旅游者到境外旅游,应以旅行团旅行结束返回时确认营业收入实现;旅行社组织国内旅游者在国内旅游,也应以旅行团旅行结束返回时确认营业收入实现。

旅行社、旅游饭店营业收入不包括本单位直属其他独立核算企业的营业收入。

34. 营业税金及附加(即业务税金及附加)： 指企业与营业收入有关的,应由各项经营业务负担的税金及附加,包括营业税、城市维护建设税及教育费附加等。饭店(宾馆)、公寓、旅店、酒楼、餐馆等企业应按营业收入的一定比例计算缴纳营业税;旅行社应按营业收入净额(营业收入总额扣除代收代付的房费、餐费、交通费等费用)计算缴纳营业税。

35. 经营利润： 指企业经营取得的收入,也可理解是一种毛利润,经营利润等于营业收入减去营业成本、营业费用、营业税金及附加。

36. 营业利润：是利润总额的主要组成部分。指企业经营利润减去管理费用、财务费用后的差额。

37. 利润总额： 指企业在一定时期内实现的盈亏总额,反映企业最终的财务成果。计算公式为：

利润总额 = 营业利润 + 补贴收入 + 投资收益 + 营业外收入 - 营业外支出

该指标如小于零,表示亏损。

38. 固定资产原价: 指企业在建造、购置、安装、改建、扩建、技术改造某项固定资产时所支出的全部货币总额。

39. 固定资产净值: 指企业固定资产原价扣除累计折旧后的余额。

40. 年末从业人员: 指年度末由企业支付工资的各类职工(包括正式职工、合同制职工、临时工、计划外用工等)的人数。

41. 企业登记注册类型: 以企业在工商部门登记注册时的企业类型为依据,按国家统计局与国家工商行政管理局联合制定的《关于划分企业登记注册类型的规定》分为:内资企业、港澳台商投资企业、外商投资企业。内资企业包括:国有企业、集体企业、股份合作企业、有限责任公司、股份有限公司、私营企业和其他企业。港澳台商投资企业包括:合资经营企业、合作经营企业、港澳台商独资企业和港澳台商投资股份有限公司。外商投资企业包括:中外合资经营企业、中外合作经营企业、外资(独资)企业、外商投资股份有限公司。

42. 旅游高等院校: 指国家承认学历、开设旅游学院(系、专业)的普通高等院校和成人高等院校。

43. 旅游中等职业学校: 指国家承认学历的旅游中等专业学校、旅游职业中学(高中)及开设旅游专业班的技校和普通中学。

TECHNICAL NOTES

1. **Visitor** – refers to any person who travels to a country (or place) other than that of his or her residence for a period not exceeding 12 months for leisure, entertainment, sightseeing, holiday, visiting relatives or friends, medical care, shopping, meeting, or taking part in economic, cultural, sports or religious activities, where the main purpose of the travel is not for remuneration.

A visitor does not refer to any person who commutes between two places regularly for career or education.

According to the origin of the travel, visitors are classified as international visitors (i. e., inbound visitors) and domestic visitors. According to the length of stay, visitors are classified as tourists (i. e., overnight visitors) and same-day visitors (non-overnight visitors).

2. **Country of Residence** – refers to the country (or region) where a person resides for most of the time over the past year, or for a short period of time but then the person returns within 12 months.

3. **Place of Residence** – refers to the city (or town) where a person resides for most of the time over the past year, or for a short period of time but the person returns within 12 month. The criterion to classify whether a visitor is an international visitor or a domestic visitor is not the person's citizenship, but his or her country of residence or place of residence.

4. **International Visitors (Inbound Visitor Arrivals)** – refer to foreigners or compatriots from Hong Kong, Macao and Taiwan who come to China within the reporting time frame for sightseeing, holiday, visiting friends and relatives, medical care, shopping, meeting, or taking part in economic, cultural, sports or religious activities. Each time of entry is recorded as one time of arrival, and the total sum makes up the inbound visitor arrivals.

Inbound visitor arrivals (international visitors) include inbound (overnight) tourists and inbound same-day visitors.

5. **Inbound (overnight) tourists** – refer to those inbound visitors who stay at least for one night at tourist accommodation establishments in China.

Inbound (overnight) tourists do not include following persons:

(1) Officials of ministerial level or above and their aids and escorts who come to visit China at the invitation of Chinese;

(2) Officials and diplomats of foreign diplomatic missions to China, including their household service people and dependents;

(3) Foreign experts, students, journalists, trade representatives who stay in China over one year;

(4) Transit passengers of international flights without going through Chinese frontier checks;

(5) Border residents;

(6) Compatriots from Hong Kong, Macao and Taiwan who reside in the mainland permanently;

(7) Foreigners who has already become residents in the country or who left the country but has returned to reside in the country;

(8) Chinese nationals who return from foreign countries.

6. **Inbound Same-day Visitors** – refer to those inbound visitors who do not stay overnight in the tourist accommodation establishments. They include visitors, drivers, crewmembers who stay overnight on board of cruise ships, yachts, trains or motor vehicles, but they do not include those compatriots from Hong Kong, Macao and Taiwan and those residents of the bordering countries who reside outside (inside) while work inside (outside) China.

7. **Domestic Visitors** – refer to Chinese nationals who travel within the country within the reporting time frame for sightseeing, holiday, visiting friends and relatives, medical care, meeting, or taking part in economic, cultural, sports or religious activities. Their purposes of travel are not for remuneration from the activities afore mentioned. Each time of their travel is recorded as one person time. Domestic visitors include domestic (overnight) tourists and domestic same-day visitors.

8. **Domestic Tourist** – refers to any residents of the country who leaves his or her usual place of residence and travels to another place within the country and stay at least one night but not exceeding 12 months at the tourist accommodation establishments, where the main purpose of the travel is not for remuneration. Domestic tourists should include those foreigners and compatriots from Hong Kong, Macao and Taiwan who reside in the country over one year; They do not include officials at the ministerial level and above on inspection trips, temporary staff members in the offices

in other cities, military staff mobilized to other areas, students studying in other places of the country, government employees on field training, people who travel to another place to reside, and people without fixed residence.

9. **Domestic Same-day Visitor** – refers to a resident of the country who leaves his or her usual place of residence over 10 kilometers away for over 6 hours but less than 24 hours and does not stay overnight in the tourist accommodation establishments in other places.

10. **Citizenship** – refers to the country where the government issues the passport (or other identification documents) to a visitor.

11. **Foreigners** – refer to persons with foreign citizenship, including Chinese descents who have acquired foreign citizenship.

12. **Compatriots of Hong Kong, Macao and Taiwan** – refer to the Chinese compatriots who reside in Hong Kong Special Administrative Region, Macao Special Administrative Region and Taiwan province.

13. **Occupation** – refers to the occupation a visitor holds before the trip.

14. **Outbound Visitor (outbound departure)** – refers to a Chinese (mainland) citizen who departs from China to a foreign country (or region) for leisure, entertainment, sightseeing, holiday, visiting relatives or friends, medical care, shopping, meeting, or taking part in economic, cultural, sports or religious activities. Each time of departure is recorded as one person time. Outbound visitors include outbound (overnight) tourists and outbound same-day visitors.

15. **Outbound Tourist** – refers to a resident of the mainland who departs the country for travel and stays at least one night at the tourist accommodation establishments in another country or region.

16. **Outbound Same-day Visitor** – refers to a resident of the mainland China who makes an outbound travel for less than 24 hours and does not stay overnight in the tourist accommodation establishments in the country or region.

17. **Tourism Receipts** – all the expenditures made by visitors (inbound visitors and domestic visitors) or by representatives of the visitors in the course of their travel constitute the tourism receipts of a country (province, region, city). Tourism expenditures of visitors should include expenses made by (overnight) tourists and same-day visitors throughout their travel on transport, tours, lodging, food, shopping, entertainment, and souvenirs and gifts for friends and relatives. Tourism expenditures do not include purchases of goods, real estate, house, motor vehicle, water vessel for

commercial purposes, neither include capital nor transactional investments, cash given to friends and relatives, donations to public organizations. Tourism receipts include international tourism (foreign exchange) receipts and domestic tourism receipts.

18. **International Tourism (foreign exchange) Receipts** – refer to the total expenditure made by inbound tourists within the territory of China (the mainland) in their course of travel on transport, tours and sightseeing, lodging, food and beverage, shopping, entertainment and etc.

19. **Domestic Tourism Receipts** – refer to the total expenditure made by domestic tourists within the territory of China (the mainland) in their course of travel on transport, tours and sightseeing, lodging, food and beverage, shopping, entertainment and etc.

20. **Group Inbound Visitors ("Groups" for short)** – refer to inbound tourists and same-day visitors who travel to the mainland China as groups (usually the groups are in the form of all-inclusive packages, small packages, international conferences, cruise liners, invited groups and temporarily organized tourist groups).

21. **Number of Visitors Requiring Individual Services** – refer to inbound tourists and inbound same-day visitors who do not join in tour groups but entrust travel agents to handle travel procedures (including pick-up and seeing-off, hotel booking, ticket reservation, guide service etc). The service charges are based on those for walk-in customers.

22. **Number of Inbound Visitors Liaised by Travel Agencies** – refers to the number of inbound visitors liaised by any travel agency within the reporting time frame. It reflects the sales abilities of travel agencies. Travel agencies are required to record the number of inbound visitors according to: (1) Upon arrival, the entry of international visitors is recorded only once no matter how long they will stay and how long their itineraries are; (2) Travel agencies record only the actual arrival number of visitors liaised by the travel agencies concerned, excluding the number of visitors liaised by other travel agencies but whose visas are processed by the travel agencies concerned.

23. **Number of Inbound Visitors Received by Travel Agencies** – refers to the number of group and independent inbound tourists and inbound same-day visitors actually received by the travel agencies concerned within the reporting time frame. This indicator reflects the work load of travel agencies. It includes not only group visitors liaised and received by the travel agencies concerned but also group visitors

entrusted by other travel agencies.

24. **Number of Days of Inbound Tourists Liaised by Travel Agencies** – refers to the sum of the days of actual stay of each inbound tourist liaised by travel agencies concerned in a given area within the reporting time frame.

25. **Number of Days of Inbound Tourists Received by Travel Agencies** – refers to the sum of the days of actual stay of each inbound tourist received by travel agencies concerned in a given area within the reporting time frame.

26. **Number of Domestic Group Visitors (Days)** – refer to the number of domestic group visitors (days) liaised by travel agencies within the reporting time frame. They include domestic group tourists (days) and domestic group same-day visitors (days).

27. **Number of Domestic Visitors (Days) Received by Travel Agencies** – refer to the number of domestic group visitors (days) received by travel agencies within the reporting time frame. They include domestic visitors organized and received by the travel agencies concerned and domestic visitors organized by other travel agencies but received by the travel agencies concerned.

28. **Tourist Accommodation Establishments (Hotel Industry)** – refer to all kinds of establishments that can accommodate tourists regularly or temporarily. They include star-rated hotels, apartments, inns, guesthouses, cruise ships and boats, training centers, sanatoriums, holiday resorts, campsites, private dwellings, family rental rooms and lodging facilities provided by relatives and friends.

29. **Star-Rated Hotels** – refer to accommodation establishments which are star-rated.

30. **Number of Tourists (Nights) Received at star-Rated hotels** – refers to the number of tourists (nights) received at Star-Rated hotels within the reporting time frame. No matter how many nights a tourist stays, each tourist is recorded only once. The number of nights a tourist stays at a hotel equals the number of tourist nights.

31. **Room Occupancy Rate** – refers to the number of rooms (nights) actually sold divided by the number of rooms (nights) available within the reporting time frame. The formula is as follows:

$$\text{Room Occupancy Rate (\%)} = \frac{\text{Number of Rooms (Nights) Actually Sold}}{\text{Number of Rooms (nights) available}} \times 100\%$$

32. **Actual Average Room Rate** – refers to the actual average price of rooms of tourist hotels, apartments and cruise ships. The formula goes:

Actual average room rate (Yuan/Room Day) = Room sales (Yuan) / Actual number of rooms sold days.

33. **Business Income** – incomes from business operations of an enterprise. Business income of hotels, office buildings, apartments and inns includes sales from rooms, catering, shopping, transport services and other incomes; Business income of travel agencies includes inclusive service charges, handling charges from organizing groups, odd services, labor service, ticketing service, tours and extra service charges, and other incomes; Business incomes of restaurants includes food and beverage sales, service charges, and other incomes; Incomes of consulting services provided by consultant firms are also recorded under this item.

For travel agencies (organizing companies and reception companies) handling inbound tourists, only the realized business incomes upon the departure of the tourist groups from the country (or local area) should be recorded as their business incomes; For travel agencies handling outbound tourists, only the actual realized incomes upon returning of the tourist groups should be recorded as their business income; For travel agencies handling domestic tourists, only the actual realized incomes upon returning of the tourist groups should be recorded as their business income. The business income of the travel agencies or hotels does not include that of their subsidiary enterprises which have independent accounting.

34. **Business Tax and Additional Levies** – refer to taxes and additional levies related to enterprises' business income, including business tax, urban maintenance and construction tax, and additional education levies. Business tax of hotels, apartments, restaurants should be paid based on a certain percentage of the business income; Business tax of travel agencies should be paid based on a certain percentage of net income.

35. **Operational Revenue** – refers to incomes gained from business operations. It can be understood as one type of gross profit. Operational revenue equals to business income minus business cost, business expenses, business tax and additional levies.

36. **Business Revenue** – is the main body of the gross profit. It refers to operational revenue minus management fees, accounting fees.

37. **Gross Profit** – refers to the balance of total profits and losses within a given period. This indicator reflects the final accounting result. The formula is: Gross profit = business revenue + subsidies income + investment returns + incomes from outside business activities – expenditures outside business activities. If this indicator is small than zero, it stands for loss.

38. **Original Value of Fixed Assets** – refer to the total cash value of the fixed assets of an enterprise when they are set up, purchased, installed, renovated, expanded or technically upgraded.

39. **Net Value of Fixed Assets** – refers to the balance of the original value of fixed assets and accumulated depreciation.

40. **Employment at the End of the Year** – refers to the total number of employees on the payroll at the end of the year. The employees include formal, contract, temporary staff and recruits outside planned employment.

41. **Category of Enterprise at Registration** – According to the categories of enterprises at registration with industrial and commercial registration offices and basing on the "Regulation on Classifying Categories of Enterprises at Registration" formulated by National Statistics Bureau and National Industrial and Commercial Administration Bureau, enterprises are classified into following categories: domestic-invested Enterprises, enterprises with Investment from Hong Kong, Macao, or Taiwan, foreign-invested Enterprises. Domestic-invested enterprises include state-owned enterprises, collective-owned enterprises, share holding co-operative enterprises, limited liability enterprises, limited liability shares enterprises, private enterprises, and other categories of enterprises; Enterprises with investment from Hong Kong, Macao, or Taiwan include joint-venture enterprises, co-operative enterprises, fully-Hong Kong, Macao or Taiwan-invested enterprises, and limited liability shares enterprises with Hong Kong, Macao or Taiwan investment; Foreign invested enterprises include Sino-foreign joint-venture enterprises, Sino-foreign co-operative enterprises, fully foreign invested enterprises, limited liability shares enterprises with foreign investment.

42. **Higher Learning Institutions in Tourism** – refer to ordinary higher learning institutions or adult higher learning institutions which have tourism institutes or department or specialty and which grant state recognized educational certificates.

43. **Technical Schools in Tourism** – refer to tourism technical schools, or tourism professional middle (high) schools, or other technical schools or ordinary middle schools which offer tourism courses and grant state recognized educational certificates.

责任编辑： 王　军

责任印制： 冯冬青

图书在版编目（CIP）数据

中国旅游统计年鉴．2011：汉英对照/中华人民共和国国家旅游局编．--北京：中国旅游出版社，2011.12

ISBN 978－7－5032－4312－7

Ⅰ.①中…　Ⅱ.①中…　Ⅲ.①旅游业－统计资料－中国－2011－年鉴－汉、英　Ⅳ.①F592－66

中国版本图书馆 CIP 数据核字（2011）第 251458 号

书　　名： 中国旅游统计年鉴 2011

编　　著： 中华人民共和国国家旅游局

出版发行： 中国旅游出版社

（北京建国门内大街甲 9 号　邮编：100005）

http：//www.cttp.net.cn　E-mail：cttp@cnta.gov.cn

发行部电话：010－85166503

排　　版： 北京中文天地文化艺术有限公司

经　　销： 全国各地新华书店

印　　刷： 北京工商事务印刷有限公司

版　　次： 2011 年 12 月第 1 版　2011 年 12 月第 1 次印刷

开　　本： 787 毫米×1092 毫米　1/16

印　　张： 10

字　　数： 220 千

定　　价： 80.00 元

I S B N 978－7－5032－4312－7